ANKERKRAUT

GESCHMACKSMANUFAKTUR

DAS

KOCH BUCH

ANNES & STEFANS LIEBLINGSREZEPTE

TAP

WIDMUNG

WIR WIDMEN DIESES BUCH
STEFANS ELTERN, EVA & WILFRIED LEMCKE,
FÜR EINE TRAUMHAFTE KINDHEIT IN AFRIKA
UND DER DAMIT VERBUNDENEN
MÖGLICHKEIT, DIE VIELFALT DER GEWÜRZE
SCHON SEHR FRÜH ENTDECKEN ZU KÖNNEN.

KOCHEN

14 – 73

GRILLEN

76 – 107

BACKEN

110 – 125

TRINKEN

128 – 139

INHALT

VORWORT *06 – 07*

ÜBER ANKERKRAUT *08 – 11*

KOCHEN *14 – 73*

PFEFFER WISSEN *30 – 31*

SALZ WISSEN *56 – 57*

GRILLEN *76 – 107*

CHILI WISSEN *86 – 87*

KRÄUTER & GEWÜRZE *102 – 103*

BACKEN *110 – 125*

TRINKEN *128 – 139*

GEWÜRZREGISTER *140 – 141*

REZEPTREGISTER *142*

DANKSAGUNG *143*

IMPRESSUM *144*

ANKERKRAUT

AUF DEN GESCHMACK GEKOMMEN

Es ist kein Geheimnis, dass ich kein leidenschaftlicher Koch bin. Warum also Ankerkraut? Wenn ich in ein Produkt investiere, möchte ich damit immer den jeweiligen Markt revolutionieren. Ankerkraut macht genau das - die hochwertigen Gewürzmischungen mit herausragender Qualität und einzigartigem Design setzen einen neuen Standard. Wenn man Ankerkraut einmal "erlebt" hat, kann man nicht mehr zurück.

Mich haben Anne und Stefan schnell überzeugt - für Stefan war es aber eine wirklich schwierige Entscheidung. Wer den Pitch in der Vox-Show "Die Höhle der Löwen" 2016 gesehen hat, weiß, dass Stefan am Anfang kein gutes Gefühl dabei hatte, mich in seinem Unternehmen einsteigen zu lassen. Seine großartige Frau Anne aber hat in der stressigen Studio-Situation kühlen Kopf bewahrt, das große Ganze gesehen und dann Stefan den entscheidenden Impuls gegeben, den Deal doch zu machen. Inzwischen sind wir uns alle einig, dass es die einzig richtige Entscheidung war. Danke, Anne! Wir haben mit Ankerkraut eine hochwertige und erfolgreiche Geschmacksmanufaktur aufgebaut. Und wir haben gerade erst angefangen! Wir haben noch so viele Produktideen, wir können noch so viel besser machen, ... der Weg ist das Ziel; wir sind auf dem Weg zur perfekten Gewürzmanufaktur.

Neben der großen Freude mit Anne und Stefan unsere Produkte und die Firma zu entwickeln, genieße ich privat mein Steak mit unserem fermentiertem Pfeffer, den wir selber importieren. Und ich esse mein Rührei mit unserem Rührei Mix. Es ist immer wieder schön, von Stefan mit neuen Gewürzmischungen überrascht zu werden - er hat da einfach die beste Nase und das richtige Händchen für immer wieder neue, herausragende Mischungen.

Anne und Stefan sind Ihrer Leidenschaft gefolgt. Sie haben "Unmögliches" erreicht und sind so zum Vorbild für andere Gründer geworden. Und sie zeigen: Harte Arbeit führt zum Erfolg!

Euer Frank

ANKERKRAUT

„Ankerkraut war eine verrückte Idee, die mit sehr viel Herzblut zu etwas ganz Tollem heranwachsen durfte. Wir sind jeden Tag dankbar und glücklich darüber, dass wir uns damals getraut haben, diesen Schritt zu gehen. Auch heute noch stecken wir unsere ganze Energie mit sehr viel Leidenschaft in unsere Produkte und in unsere Marke. Es ist unheimlich aufregend zu erleben, wie das „Kind" täglich wächst und wir sind gespannt, wo uns die Reise noch hinführt."

STEFAN LEMCKE

ANKERKRAUT IN ZAHLEN

INNERHALB EINES JAHRES WURDEN KNAPP **1,4 MIO ANKERKRAUT GLÄSER** ABGEFÜLLT. STAPELT MAN DIESE AUFEINANDER IST DAS EINE HÖHE VON 140KM. DER MOUNT EVEREST IST 8848M HOCH. SOMIT IST DER ANKERKRAUT-GLÄSER-BERG KNAPP 15,5X HÖHER ALS DER HÖCHSTE BERG DER WELT.

MIT ALLEN ANKERKRAUT FACEBOOK-FANS ZÄHLEN WIR BEREITS ALS GROSSSTADT*

**Großstädte sind nach einer Begriffsbestimmung der Internationalen Statistikkonferenz von 1887 alle Städte mit 100.000 und mehr Einwohnern.*

1979 – 1990
Stefan erlebt eine wunderschöne und prägende Kindheit in Tansania

JUNI 2010
Anne & Stefan lernen sich kennen

03.04.2013
Stefan kreiert seinen ersten Rub

01.10.2013
Die erste Mitarbeiterin

JUNI 2014
Red Dot Award für das Packaging Design der Gewürzgläser

KUNDENLIEBLING: UNSER ÜBER DEN ONLINE-SHOP MEIST VERKAUFTES GEWÜRZ IM JAHR 2017 IST DAS BOLOGNESE GEWÜRZ

8 ANKERKRAUT IST IN 8 LÄNDERN IM HANDEL VERTRETEN:

- DEUTSCHLAND
- ITALIEN
- DÄNEMARK
- ÖSTERREICH
- SCHWEIZ
- LUXEMBURG
- NIEDERLANDE
- SCHWEDEN

MIT UNSEREN ZWEI „SPENDENPRODUKTEN" EINHORN UND ERDBEERMINGO KONNTEN WIR BEREITS ÜBER 12.000 € SPENDEN. (PRO VERKAUFTEM GLAS GINGEN 1,00 € AN EINEN GEMEINNÜTZIGEN VEREIN)

28.08.2016	01.12.2016	01.08.2017	JULI 2017	DEZEMBER 2017
Anne & Stefan wagen sich in „Die Höhle der Löwen". Frank Thelen investiert in Ankerkraut und ist ab sofort an Bord.	*Das Ankerkraut-Sortiment wächst auf 200 Sorten*	*Ankerkraut wächst auf 50 Mitarbeiter*	*100.000 Likes auf Facebook*	*Ankerkraut publiziert das 1. Kochbuch*

„VIEL HILFT VIEL“

Alte Ankerkraut-Weisheit bei der Verwendung unserer Gewürze und Rubs.

Kategorie

KOCHEN

ANKERKRAUT
ALLES UNTER
500g
IST
CARPACCIO

GARMETHODEN

WIR KOCHEN NICHT NUR, WIR RÄUCHERN, RÖSTEN, BACKEN, SCHMOREN UND DÄMPFEN UND WISSEN GENAU, WELCHES GEWÜRZ SICH WANN AM DELIZIÖSESTEN ENTFALTEN KANN. DER ANWENDUNG UNTERSCHIEDLICHER METHODEN SOLLTE MEHR BEACHTUNG GESCHENKT WERDEN UND DAFÜR MUSS MAN NOCH NICHT EINMAL PROFIKOCH SEIN. DOCH WER LESEN KANN IST KLAR IM VORTEIL:

RÄUCHERN | 20 - 70°C

Low & Slow ist das Motto beim Räuchern! Ob kalt oder heiß: das Raucharoma spricht für sich und benötigt keine weitere Würze! Wer trotzdem Herr seiner Sinne bleiben und den Geschmack zusätzlich beeinflussen möchte, greift zurück auf Grillplanken, wie Cherry Wood oder Western Red Cedar und maximiert sein Raucherlebnis.

SIEDEN | 80 -95°C

Warm zudecken und das Fett zersetzt sich von selbst. Wenn das doch im wahren Leben auch so wäre... Leider nein. Aber dafür passiert das beim Sieden und bereitet uns große Freude beim Geschmack des Sauerbratens, Fisches, Wurzelgemüses und der Hülsenfüchte. Aufpeppen kannst du die entstandenen Kocharomen durch Liebstöckel, Selleriesaat, Salz und Pfeffer.

SCHMOREN | 80 -120°C

Gulasch? Habe ich Gulasch gehört? Jep! Wir holen den größten Kochtopf raus, denn jetzt wird geschmort. Der Mix aus den Röstaromen durch das vorherige Anbraten und den neuen Duftstoffen, die beim Schmoren freigesetzt werden, machen einfach glücklich. Wir würzen hier gern mit Thymian, unserer 9-Pfeffer Symphonie und Rosmarin.

DÄMPFEN | UM 100°C

Gebt den Vitaminen keine Chance auszubrechen! Wir brauchen sie und damit wir sie behalten, verhindern wir durch das Dämpfen die Ausschwemmung wasserlöslicher Vitamine. Die Kunst ist jetzt, die richtigen Aromen durch die Zugabe von Gewürzen zu finden. Zum Beispiel mit Liebstöckel, Pfeffer, Thymian oder Zitrusschale.

RÖSTEN | 120 -180°C

Einmal volle Pulle bitte! Denn nur bei starker Hitze bilden sich die satten Bräunungsstoffe, welche die Röstaromen aus dem Fleisch oder dem Gemüse kitzeln und zum Geschmackserlebnis befördern. Für mehr Würze pimpen wir mit Pfeffer und Rosmarin. Wer den salzigen Grundgeschmack nicht missen möchte, gibt einfach noch eine Schippe Salz oben drauf.

BACKEN | 160 - 220°C

Sweet? Salty? Beides! Ob mit Käse überbacken oder für die Weihnachtsbäckerei: Der Backofen beschert uns immer wieder einen Traum aus duftenden Röst- und Backaromen. Mehr brauchen wir nicht! Außer Unterstützung würziger Röstnoten durch geräucherte Paprika oder Karamellaromen des Muscovadozuckers.

MESSER

SCHNEIDEN, SCHÄLEN, HACKEN, TRANCHIEREN –
WAS SICH HIER NACH LEBEN UND TOD ANHÖRT, IST IN WAHRHEIT NICHTS ANDERES, ALS DAS KLEINE 1X1 DER ZERKLEINERUNGSARTEN IN DER KÜCHE. UND WIE ES SICH FÜR EIN ORDENTLICHES HANDWERK GEHÖRT, GIBT ES FÜR JEDE EINZELNE ART AUCH DAS RICHTIGE WERKZEUG. SCHNEIDEN, ÄH, LEGEN WIR LOS!

DAS FILIERMESSER

Das Filiermesser zeichnet sich durch seine extra schmale und extra dünne Klinge aus. Und das macht durchaus Sinn, denn nur so lässt sich Fleisch oder Fisch hauchdünn filetieren. Quasi die hauchdünn Couture der Messerkunde. Mon dieu!

DAS KÜCHENMESSER

Das Küchenmesser aka Chefknife ist etwas größer als das Universalmesser. Es eignet sich ebenfalls sehr gut zum Schneiden von Fleisch und Fisch. Kurz: Chef kann alles.

DAS UNIVERSALMESSER

Vielseitiger geht nicht! Als würde es der Name nicht schon andeuten, ist das Universalmesser vor allem in puncto Vielseitigkeit ganz weit vorne. Zerkleinern im Handumdrehen wird hier gaaanz groß geschrieben.

DAS STEAKMESSER

Das Steakmesser verfügt über schmale, scharfe Sägen und kann so jedes saftige Steak perfekt schneiden. Hmm, lecker: Steak.

DAS SCHÄLMESSER

Das Schälmesser, also known as Tourniermesser, weist eine leicht gebogene Klinge auf. Wenn es also um Schälen von Obst und Gemüse geht, macht dem Schälmesser so leicht keiner was vor.

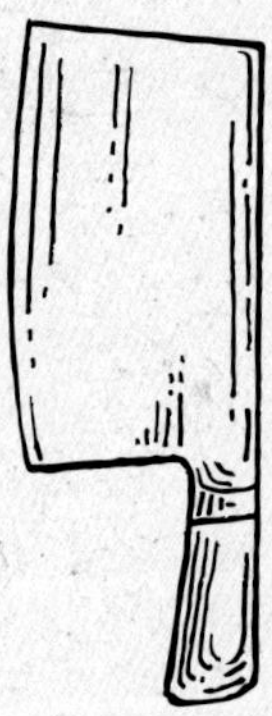

DAS CHINESISCHE KOCHMESSER

Achtung: auch wenn es so aussieht, es handelt sich NICHT um ein Hackebeil! Kräuter und Gemüse haben es diesem Messer besonders angetan. Knochen hingegen können sich gehackt legen – falsches Messer.

DER UNTERSCHIED ZWISCHEN JAPANISCHEN UND EUROPÄISCHEN MESSERN LIEGT DARIN, DASS JAPANISCHE MESSER DEUTLICH SCHÄRFER SIND ALS DIE EUROPÄISCHEN. DIE SCHÄRFERE KLINGE FÜHRT ABER AUCH DAZU, DASS DIESE ÖFTERS NACHGESCHLIFFEN WERDEN MÜSSEN. ES IST ALSO WIE IMMER: ALLES HAT SEINE VOR- ABER AUCH NACHTEILE.

WIR WOLLEN JA KEIN HEXENWERK DARAUS MACHEN,
ABER: ZU JEDEM GEWÜRZ UND KRAUT GEHÖRT NUN MAL EINE INDIVIDUELLE ART DER VERWENDUNG UND PORTIONIERUNG. DEN TOLLEN GESCHMACK UND DIE VORTEILE DURCH VIELE GEWÜRZGADGETS SOLLTE MAN NICHT UNTERSCHÄTZEN.

GADGETS

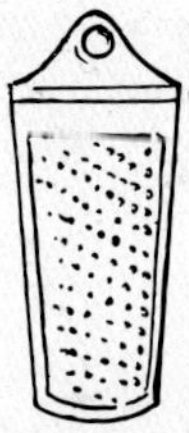

MUSKATREIBE

Wir haben davor gewarnt: Bei Muskat reicht schon eine Prise zum Kartoffelpü oder Käsefondue. Deshalb sollte jeder, der sich eine Muskatnuss anschafft, auch eine Reibe daheim haben.

SALZ- & PFEFFER MÜHLE

It's fresh so fresh! Die Salz- und Pfeffermühle macht nicht nur als Tischdeko was her, sondern optimiert den individuellen Geschmack der ‚Kitchen Basics'.

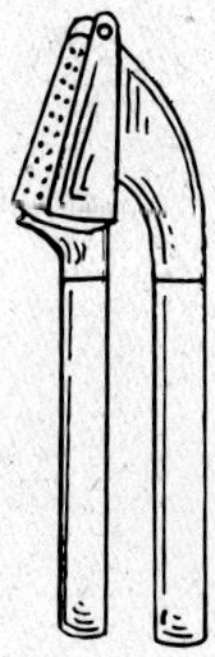

KNOBLAUCHPRESSE

Die Knoblauchpresse kann zaubern: Sie macht, dass deine Finger nicht riechen und du trotzdem jede Menge Knobi - im wahrsten Sinne des Wortes - verdrücken kannst!

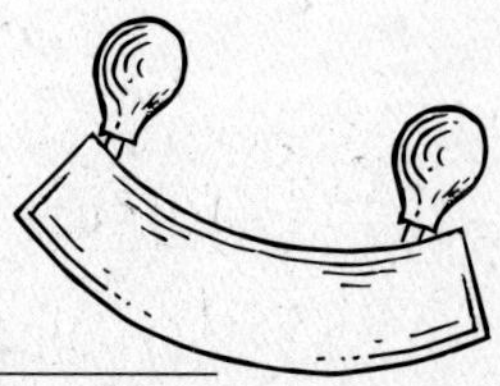

WIEGEMESSER

Jetzt wird wild drauf los gehackt! Und die Finger bleiben trotzdem heile. Also für die Schisser unter den Schnipplern, die es gerne schnell mögen, genau das Richtige!

MÖRSER/GEWÜRZREIBE

Back to the roots: Der Mörser (oder auch Gewürzreibe genannt) lässt die Muskeln spielen. Der Clou: Das Gericht fühlt sich gleich noch selbstgemachter an!

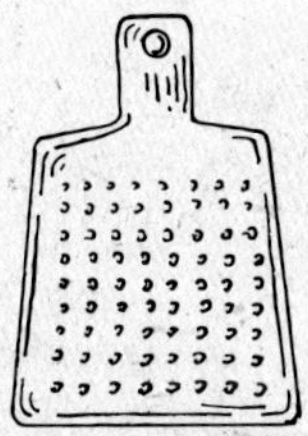

SALZREIBE

Eine Rarität, der wir definitiv mehr Aufmerksamkeit schenken sollten: Die Salzreibe zum mühelosen Reiben von Salzbrocken. Da wird jeder Gast neidisch.

— STEFAN SAGT —

„Manchmal muss es einfach schneller gehen. Dann nehme ich anstelle der getrockneten Bohnen die fertig gekochten Kidney Bohnen aus der Dose (425 ml). Die Bohnen in einem Sieb abspülen und abtropfen lassen, jedoch nur 10 Minuten mitkochen.“

CHILI CON CARNE

MIT FLEISCHWÜRFELN

90 MIN. | 4 PORTIONEN | HERD

ZUTATEN

- 200 G GETR. ROTE KIDNEY BOHNEN
- 750 G RINDFLEISCH (A. D. SCHULTER)
- 5 ROTE ZWIEBELN (200 G)
- 6 EL OLIVENÖL
- 4 EL ANKERKRAUT CHILI CON CARNE MILD
- 2 EL WEIZENMEHL
- 2 EL TOMATENMARK
- 200 ML KRÄFTIGER ROTWEIN
- 1 L GEMÜSEBRÜHE
- 200 G KLEINE STRAUCHTOMATEN
- ½ TL ANKERKRAUT TEUFELSKERL

1. Die Bohnen in eine Schüssel geben, mit etwa 1 Liter Wasser bedecken und mindestens 12 Stunden einweichen.
2. Die eingeweichten Bohnen abtropfen lassen. Mit 1 Liter Wasser in einem Topf aufkochen lassen, danach bei schwacher Hitze etwa 1 Stunde garen.
3. Inzwischen das Fleisch mit Küchenpapier abtupfen und in etwa 1 cm große Würfel schneiden. Die Zwiebeln schälen und in Würfel schneiden. Das Fleisch in 2 Portionen in jeweils 2 EL Öl anbraten und aus der Pfanne nehmen. Die Zwiebelwürfel im restlichen Öl anbraten und mit Chili con carne mild bestreuen.
4. Die Fleischwürfel zu den Zwiebeln geben, alles mit Mehl bestäuben, kräftig umrühren und anrösten. Tomatenmark dazugeben und ebenso anrösten. Danach den Rotwein und die Brühe in die Pfanne geben und unter Rühren aufkochen. Das Ganze etwa 30 Minuten in der geschlossenen Pfanne schmoren.
5. Die Tomaten abspülen und die Stielansätze keilförmig herausschneiden. Die Tomaten vierteln.
6. Die Bohnen in einem Sieb abtropfen lassen. Anschließend mit den Tomaten und dem Pfanneninhalt in den Topf geben, zugedeckt etwa 15 Minuten bei milder Hitze garen. Mit Teufelskerl Gewürz abschmecken.

— STEFAN SAGT —

„Manchmal lösche ich das angebratene Hackfleisch auch zuerst mit einem Schuss Rotwein ab. Das gibt immer nochmal eine besonders schmackhafte Note.“

STEFANS BOLOGNESE

35 MIN. 4 PORTIONEN HERD

ZUTATEN

1 ZWIEBEL (50 G)
2 KNOBLAUCHZEHEN
1 EL RAPSÖL
500 G RINDERHACKFLEISCH
2 EL TOMATENMARK
100 ML ANKERKRAUT GEMÜSEBRÜHE
500 G GESCHÄLTE TOMATEN (A. D. DOSE)
3 – 5 TL ANKERKRAUT BOLOGNESE GEWÜRZ
400 G SPAGHETTI
ANKERKRAUT SALZ
150 G PARMESAN
½ BD. BASILIKUM

1. Zwiebel und Knoblauch schälen und in kleine Würfel schneiden.
2. Das Öl in einer großen Pfanne erhitzen. Das Hackfleisch darin anbraten und mit einem Pfannenwender zerkrümeln. Zwiebel- und Knoblauchwürfel dazugeben und kurz anbraten.
3. Wenn das Hackfleisch braun gebraten ist, das Tomatenmark unterrühren und kurz anrösten. Mit Gemüsebrühe ablöschen. Die Tomaten in der Dose zerkleinern und mit dem Saft zum Hackfleisch geben. Die Sauce aufkochen und mit 3 TL Bolognese Gewürz würzen. Die Sauce etwa 15 Minuten in der offenen Pfanne einkochen lassen.
4. Inzwischen die Nudeln nach Packungsanweisung kochen, den Parmesan reiben. Basilikum abspülen, trocken schütteln, die Blätter abzupfen und grob zerteilen.
5. Die Sauce mit Salz und Bolognese Gewürz abschmecken. Die Nudeln in einem Sieb abtropfen lassen und mit der Sauce anrichten. Mit Basilikum und Parmesan bestreut servieren.

— STEFAN SAGT —

„Die Suppe mit Schmand servieren. Damit schmeckt alles noch besser!“

GULASCH-SUPPE

50 MIN. 2 PORTIONEN HERD

ZUTATEN

6 ZWIEBELN (250 G)
500 G RINDFLEISCH (A. D. KEULE)
3 EL RAPSÖL
2 EL TOMATENMARK
2 ½ EL ANKERKRAUT GULASCH GEWÜRZ
1 L ANKERKRAUT GEMÜSEBRÜHE
400 G PAPRIKA ROT UND GELB
200 G FESTKOCHENDE KARTOFFELN
ANKERKRAUT SALZ

1. Zwiebeln schälen, halbieren und in Würfel schneiden. Rindfleisch mit Küchenpapier trocken tupfen und in etwa 1 ½ cm große Würfel schneiden.
2. Etwas Öl in einem Topf erhitzen. Die Fleischwürfel darin in 2 Portionen von allen Seiten kräftig anbraten. Restliches Öl und die Zwiebelwürfel hinzufügen und mitbraten. Das Tomatenmark unterrühren und kurz anrösten. Das Gulaschgewürz unterrühren. Die Brühe dazugeben und aufkochen. Zugedeckt etwa 60 Minuten bei mittlerer Hitze garen.
3. In der Zwischenzeit die Paprikaschoten putzen, vierteln, entkernen, abspülen, abtropfen lassen und in kleine Würfel schneiden. Kartoffeln schälen, waschen und in kleine Würfel schneiden. Zusammen mit den Paprikawürfeln zum Fleisch geben und etwa 15 Minuten garen.
4. Die Suppe mit Salz abschmecken.

— STEFAN SAGT —

„Es passt fast nichts besser dazu als selbstgemachtes Kartoffelpüree."

FRIKOS VON STEFANS OMA

40 MIN. | 4 PORTIONEN | HERD

ZUTATEN

1 BRÖTCHEN VOM VORTAG
2 ZWIEBELN (70 G)
500 G RINDERHACKFLEISCH
1 EI (GR. M)
4 – 5 EL BULETTEN & FLEISCHPFLANZERL GEWÜRZ
4 EL RAPSÖL
20 G BUTTER
1 EL MEHL
150 G SCHLAGSAHNE
200 ML ANKERKRAUT GEMÜSEBRÜHE
½ BUND GLATTE PETERSILIE

1. Für die Frikadellen das Brötchen etwa 10 Minuten in lauwarmem Wasser einweichen. Zwiebeln schälen und in kleine Würfel schneiden.

2. Das Brötchen ausdrücken und klein zupfen. Mit Rinderhack, Ei und 3 EL Buletten Gewürz verkneten. Aus dem Fleischteig 8 Frikadellen formen und zugedeckt etwa 15 Minuten kühl stellen.

3. Das Öl in einer großen Pfanne erhitzen. Die Frikadellen von beiden Seiten ca. 7 Minuten anbraten und aus der Pfanne nehmen. Die Pfanne mit Küchenpapier auswischen.

4. Für die Sauce die Butter in der Pfanne schmelzen, das Mehl darin anschwitzen. 1 EL Buletten Gewürz, Sahne und Brühe nach und nach unterrühren. Die Sauce 5 Minuten köcheln lassen.

5. Die vorgegarten Frikadellen in die Sauce legen und etwa 10 Minuten fertig garen. Inzwischen die Petersilie waschen, trocken schütteln, die Blätter abzupfen, in Streifen schneiden und zur Sauce geben. Die Sauce mit Buletten Gewürz abschmecken.

— STEFAN SAGT —

„Den fertigen Auflauf am besten mit selbstgemachtem Kräuterquark servieren."

KARTOFFEL-HACK-AUFLAUF

60 MIN. 4 PORTIONEN HERD & OFEN

ZUTATEN

200 G PASTINAKEN
250 G MÖHREN
600 G KARTOFFELN
100 G LAUCH (PORREE)
3 EL RAPSÖL
ANKERKRAUT SALZ
750 G GEM. HACKFLEISCH (RIND UND SCHWEIN)
2 EL ANKERKRAUT AUFLAUF GEWÜRZ
100 ML WASSER
100 G SCHMAND
150 G GERIEBENER GOUDAKÄSE

1. Für die Gemüseschicht Pastinaken, Möhren und Kartoffeln schälen, abspülen und schräg in dünne Scheiben schneiden. Vom Lauch die trockenen und sehr dunklen Teile entfernen, den Lauch der Länge nach aufschneiden, gründlich abspülen und quer in dünne Streifen schneiden.

2. Den Backofen auf 200 °C (Heißluft: 180 °C) vorheizen. Das Öl in einer großen Pfanne erhitzen. Das Gemüse, bis auf den Lauch, 5 Minuten im Öl anschwitzen. Den Lauch dazugeben, das Gemüse salzen und aus der Pfanne nehmen.

3. Das Hackfleisch in die Pfanne geben und bei mittlerer Hitze unter Rühren anbraten. Das Auflauf Gewürz, Wasser und Schmand hinzufügen und in eine flache Auflaufform (etwa 3 l Inhalt) geben. Das Gemüse auf dem Hack verteilen. Mit Käse bestreuen und den Auflauf etwa 30 Minuten im Backofen garen.

RACLETTE-BACON-BROT

40 MIN. 1 BROT OFEN

ZUTATEN

400 G DINKELMEHL (TYPE 630)
100 G ROGGENMEHL (TYPE 997)
1 PCK. TROCKENBACKHEFE (FÜR 500 G MEHL)
1 TL ANKERKRAUT SALZ
1 EL ANKERKRAUT RACLETTE GEWÜRZ
300 ML WASSER
1 EL WEISSWEINESSIG
8 DÜNNE SCHEIBEN RACLETTEKÄSE (ETWA 250 G)
8 DÜNNE SCHEIBEN BACON (ETWA 120 G)
MEHL ZUM BEARBEITEN

AUSSERDEM

1 KASTENFORM 25 X 11 CM
BUTTER ZUM EINFETTEN

1. Für den Teig die Mehle mit Hefe, Salz und Raclette Gewürz in einer Schüssel mischen. Wasser und Essig dazugeben. Mit den Knethaken des Handrührers etwa 5 Minuten zu einem glatten Teig kneten. Den Teig mit Mehl bestäuben. Den Schüsselrand mit Wasser bestreichen. Die Schüssel mit Frischhaltefolie verschließen, den Teig etwa 90 Minuten gehen lassen.
2. Die Kastenform mit Butter einfetten. Den Teig auf der bemehlten Arbeitsfläche zu einem Rechteck (50 x 40 cm) ausrollen. Das Rechteck in 8 Streifen (jeweils etwa 20 x 12,5 cm) schneiden.
3. Auf die Mitte jedes Streifens nacheinander jeweils 1 Scheibe Käse und eine Scheibe Bacon legen. Die Streifen der Länge nach überklappen und mit der geschlossenen Seite nach unten locker in die Form setzen. Die Form mit einem Tuch bedecken. Ein weiteres Mal den Teig bei Zimmertemperatur etwa 30 Minuten gehen lassen.
4. Den Backofen auf 180 °C (Heißluft: 160 °C) vorheizen. Die Form in den Backofen schieben. Den Teig etwa 40 Minuten backen.
5. Das heiße Brot nach 5 Minuten vorsichtig aus der Form stürzen und auf einem Kuchengitter erkalten lassen.

PFEFFER WISSEN

DES PFEFFERS KÖNIGREICH EXISTIERT SCHON EINE HALBE EWIGKEIT. TROTZ SEINEM URSPRUNG IN INDIEN, WAR DER PFEFFER SCHON IM ALTEN ROM EIN BELIEBTES GEWÜRZ UND SO WERTVOLL, DASS ER SOGAR ALS ZAHLUNGSMITTEL DIENTE. PFEFFER SCHMECKT NICHT NUR SCHARF WÜRZIG, SONDERN REGT AUCH DIE VERDAUUNG AN, WAS IHN ZU EINER HEILPFLANZE MACHT. UNSER TIPP: PFEFFERLIEBHABER SOLLTEN IMMER GANZE KÖRNER EINKAUFEN UND DIESE ERST BEI BEDARF FRISCH GEMAHLEN AUS DER PFEFFERMÜHLE VERWENDEN. DENN GEMAHLENER PFEFFER VERLIERT SCHON NACH KÜRZESTER ZEIT AN AROMA.

SCHWARZER PFEFFER

Ohne große Umwege gehört grob gemahlener schwarzer Pfeffer direkt auf alle leckeren Gerichte die etwas Pfeffer vertragen können! Verwende ihn als Finish auf gegrilltem oder gebratenem Fleisch, beim Kochen im Gemüse-Wok oder im Dressing auf deinem Lieblingssalat und Dir wird nie wieder langweilig, versprochen! Dass schwarzer Pfeffer so vielseitig einsetzbar ist und genau die richtige Schärfe aufweist, liegt daran, dass er bei der Lufttrocknung die markanten Aromen verliert. Das macht ihn zum neutralsten und damit zum vielseitig einsetzbaren Pfefferkorn.

WEISSER PFEFFER

Weißer Pfeffer zeichnet sich durch seine besonders aromatische Milde aus. Der Schärfegrad entspricht etwa dem von schwarzem Pfeffer, weißer Pfeffer wird aber bevorzugt wenn schwarzer Pfeffer einem hellen Gericht rein optisch keinen Gefallen tun würde. Auch eignet sich weißer Pfeffer in hervorragender Weise zum letzten Abschmecken vor dem Servieren. Wie er entsteht? Vom selben Strauch wie schwarzer Pfeffer gepflückt, erfährt weißer Pfeffer nach der Ernte noch eine spezielle Behandlung. Die vollreifen und rotfleischigen Beeren werden einige Tage in fließendem Wasser eingeweicht, so dass sich das Fruchtfleisch sowie die Außenhaut vom Kern lösen.

GRÜNER PFEFFER

Ja, es gibt sie, Menschen die die Schärfe des im Pfeffer enthaltenen Piperin nicht mögen. Aber, es gibt auch ihn. Den grünen Pfeffer, der eine deutlich mildere Schärfe aufweist, frisch duftet und mit leicht krautigem Geschmack überrascht. Das „scharfe“ Piperin reichert sich mit zunehmender Reife der Beeren an. Die Pfefferbeeren für den grünen Pfeffer werden frühzeitig geerntet und in Salzwasser eingelegt oder gefriergetrocknet. So wird der Prozess der Reifung und der Schwarzfärbung unterbunden und es entsteht ein kostbarer Pfeffer mit feinem und mildem Aroma. Übrigens, grüner Pfeffer ist erst seit dem 20. Jahrhundert bekannt.

TELLICHERRY PFEFFER

SCHÄRFE	● ● ○ ○
GESCHMACK	warmes, nussiges Aroma
HERKUNFT	Indien, Provinz Thalassery
BESONDERHEIT	sehr späte Ernte

Passt gut zu dunklem Fleisch, Saucen, Käse

KAMPOT

SCHÄRFE	● ● ● ○
GESCHMACK	warmes, nussiges Aroma
HERKUNFT	Kambodscha
BESONDERHEIT	wird in Handarbeit erzeugt

Passt gut zu Fleisch, Fisch, Dessert

VOATSIPERIFERY URWALD PFEFFER

SCHÄRFE	● ● ● ○
GESCHMACK	reich, erdig-blumig
HERKUNFT	Regendwald Madagaskars
BESONDERHEIT	eine nicht kultivierte Wildform

Passt gut zu Süßspeisen, Lamm, Salat

SZECHUANPFEFFER

SCHÄRFE	● ○ ○ ○
GESCHMACK	fruchtig, zitronig
HERKUNFT	Japan, Korea, Nord-China
BESONDERHEIT	Teil der bekannten asiatischen Gewürzmischung „Fünf-Gewürze-Pulver"

Passt gut zu Geflügel, Pilze, grüner Tee

LANGER PFEFFER

SCHÄRFE	● ● ● ●
GESCHMACK	süß-säuerlich, mild-schokoladiges Aroma
HERKUNFT	Indien
BESONDERHEIT	Schärfe entfaltet sich beim Erhitzen, süßliche Aromen bei kalten Speisen

Passt gut zu Wild, Ente, Rotkohl

KUBEBENPFEFFER

SCHÄRFE	● ○ ○ ○
GESCHMACK	würzig-holzig
HERKUNFT	Indonesien
BESONDERHEIT	Heilpflanze des Jahres 2016

Passt gut zu Saucen, Schmorgerichten, Grünkohl

PIMENT

SCHÄRFE	● ○ ○ ○
GESCHMACK	Nelkenähnlich
HERKUNFT	Jamaika, Süd Amerika
BESONDERHEIT	wird in Großbritannien als „Allspice" bezeichnet, da es zu fast allem passt

Passt gut zu Schmorgerichten, Wild, Obst

ROSA BEERE

SCHÄRFE	○ ○ ○ ○
GESCHMACK	süßlich-bitter
HERKUNFT	Peru
BESONDERHEIT	Früchte des brasilianischen Pfefferbaums, botanisch gesehen kein echter Pfeffer

Passt gut zu Fisch, Geflügel, Schokolade

FERMENTIERTER PFEFFER

SCHÄRFE	● ● ● ○
GESCHMACK	salzig, frisch, ätherisch mit leichter Säure
HERKUNFT	indisches Hochland
BESONDERHEIT	Der „Kaviar" unter den Pfeffern, wird mit Meersalz fermentiert

Passt gut zu Steak, Fischfilet, Eierspeisen

STEFAN SAGT

„Gerne das Fladenbrot 15 Minuten vor dem Essen auf dem Rost in den Backofen schieben. Den Ofen auf 120 °C Umluft schalten und das Brot etwa 10 – 15 Minuten aufbacken.“

GYROS-PFANNE

MIT TZATZIKI

40 MIN. | 4 PORTIONEN | HERD

ZUTATEN

FÜR DIE GYROS-PFANNE

750 G LAMMNACKEN ODER KEULE
4 EL ANKERKRAUT GYROS GEWÜRZ
4 ROTE ZWIEBELN (ETWA 200 G)
4 EL OLIVENÖL

FÜR DAS TZATZIKI

1 SALATGURKE (ETWA 400 G)
250 G MAGERQUARK
250 G SAHNEQUARK (20 % FETT)
4 – 5 EL ANKERKRAUT TZATZIKI GEWÜRZ

AUSSERDEM

1 RUNDES FLADENBROT

1. Das Fleisch in Streifen schneiden und mit dem Gyros Gewürz marinieren. Die Zwiebeln schälen und in Streifen schneiden.
2. Das Fleisch in 2 Portionen in jeweils 2 EL Öl anbraten und in eine Schüssel geben. Die Zwiebelstreifen im Bratfett etwa 5 Minuten bei kleiner Hitze braten.
3. Inzwischen die Gurke abspülen und in eine Schüssel raspeln. Den Quark und das Tzatziki Gewürz unterrühren.
4. Das Fleisch wieder in die Pfanne geben und erhitzen. Die Gyros Pfanne mit dem Tzatziki und dem Fladenbrot servieren.

— STEFAN SAGT —

„Natürlich kann man auch 4 Stücke Hähnchenbrust ohne Haut und Knochen kaufen. Die Stücke dann einfach mit Küchenpapier abtupfen und vor dem Marinieren quer durchschneiden. Dann zubereiten wie beschrieben.“

TANDOORI CHICKEN

MIT MANGO-GURKEN-SALAT

45 MIN. 4 PORTIONEN HERD

ZUTATEN

FÜR DAS TANDOORI CHICKEN

1 HÄHNCHEN (ETWA 1,5 KG)
100 G VOLLMILCHJOGHURT
3 EL ANKERKRAUT TANDOORI CHICKEN
2 EL KOKOSÖL

FÜR DEN MANGO-GURKEN SALAT

1 REIFE MANGO (ETWA 600 G)
1 SALATGURKE (ETWA 400 G)
2 EL REISESSIG
2 STÄNGEL KORIANDER ODER GLATTE PETERSILIE
ANKERKRAUT SALZ

1. Vom Hähnchen Brust, Keulen und Flügel abtrennen. Die Bruststücke quer halbieren. Von den Flügeln die Spitzen entfernen, die Flügel im Gelenk halbieren. Von allen Teilen die Haut abziehen.
2. Joghurt und Chicken Tandoori Gewürz verrühren, die Hähnchenstücke damit einstreichen, in eine flache Form legen, zudecken, kühl stellen und etwa 3 Stunden marinieren.
3. Inzwischen das Fruchtfleisch der ungeschälten Mango an den beiden flachen Seiten entlang des Steins abschneiden. Fruchtfleisch mit der Schale in breite Streifen schneiden, die Schale abschneiden und das Fruchtfleisch in kleine Würfel schneiden.
4. Die Gurke schälen, der Länge nach halbieren und mit einem Teelöffel entkernen. Die Hälften quer in dünne Scheiben schneiden, mit Mangowürfeln und Essig vermengen.
5. Kokosöl in einer beschichteten Pfanne erhitzen. Die bestrichenen Hähnchenstücke darin bei kleiner Hitze anbraten, anschließend zugedeckt etwa 15 Minuten braten, zwischendurch wenden.
6. Koriander oder Petersilie abspülen, trocken tupfen, die Blätter grob schneiden und unter den Salat heben. Den Salat mit Salz abschmecken. Mit dem Tandoori Chicken servieren. Dazu passt Basmati Reis mit schwarzem Sesam.

— ANNE SAGT —

„Anstelle der Tomaten gehen auch Zucchinischeiben. Oder auch beides zusammen."

CHICKEN PARMIGIANA

35 MIN. 4 PORTIONEN HERD & OFEN

ZUTATEN

4 HÄHNCHENBRUSTFILETS (ETWA 700 G)
ANKERKRAUT SALZ & PFEFFER
3 EL OLIVENÖL
400 ML PASSIERTE TOMATEN
4 EL ANKERKRAUT TOMATENSAUCEN GEWÜRZ
4 TOMATEN (200 G)
250 G BÜFFEL-MOZZARELLA
150 G PARMESAN

1. Den Backofen auf 200 °C (Heißluft: 180 °C) vorheizen. Hähnchenbrustfilets mit Küchenpapier trocken tupfen und waagerecht halbieren. Alle Hälften mit Salz und Pfeffer würzen.
2. Das Öl in einer großen Pfanne erhitzen. Die Filets darin von beiden Seiten bei starker Hitze sehr kurz anbraten und nebeneinander auf einen Teller legen.
3. Passierte Tomaten und Tomatensaucen Gewürz verrühren. Tomaten abspülen und die Stielansätze keilförmig herausschneiden. Die Tomaten in Scheiben schneiden.
4. Mozzarella abtropfen lassen und mit den Händen zerbröseln. Parmesan fein reiben.
5. In 4 kleine Auflaufformen (je 300 ml) jeweils 1 angebratenes Filet legen. Darauf nacheinander die Tomatenscheiben, die Hälfte des Mozzarellas und des Parmesans verteilen. Mit den übrigen Filets bedecken. Tomatensauce, restlichen Mozzarella und Parmesan nacheinander darauf geben. Etwa 25 Minuten im vorgeheizten Backofen garen.

— STEFAN SAGT —

„Oftmals bereite ich noch eine schnelle Sauce zu: 300 g Vollmilchjoghurt mit etwas abgeriebener Zitronenschale und Fleur de Sel verrühren und zu Brathähnchen und Bratkartoffeln servieren."

BRATHÄHNCHEN

MIT KARTOFFELSPALTEN

70 MIN. 4 PORTIONEN OFEN

ZUTATEN

900 G VORWIEGEND FEST KOCHENDE KARTOFFELN
3 EL OLIVENÖL
2 EL ANKERKRAUT BRATKARTOFFEL GEWÜRZ
2 ROSMARINZWEIGE
4 HÄHNCHENKEULEN (ETWA 1,2 KG)
2 EL ANKERKRAUT BRATHÄHNCHEN GEWÜRZ
ANKERKRAUT FLEUR DE SEL

1. Den Backofen auf 200 °C (Heißluft: 180 °C) vorheizen. Kartoffeln gründlich waschen, abtropfen lassen und in Spalten schneiden. 2 EL Olivenöl und das Bratkartoffel Gewürz in einer Schüssel verrühren. Kartoffelspalten und Rosmarinzweige darin wenden.
2. Hähnchenkeulen mit Küchenpapier abtupfen und in eine große Schüssel geben. Brathähnchen Gewürz und restliches Öl dazugeben. Die Keulen mit dem Gewürz einreiben.
3. Ein Backblech mit Backpapier belegen. Nacheinander die Kartoffelspalten und die Hähnchenkeulen auf das Blech legen. Im vorgeheizten Backofen etwa 45 Minuten garen. Kartoffeln vor dem Servieren salzen.

ANANAS-PUTEN-CURRY

80 MIN. | 4 PORTIONEN | HERD

ZUTATEN

700 G PUTENBRUST
3 – 4 EL ANKERKRAUT CURRY ROYAL GOLD
½ ANANAS (ETWA 600 G)
500 G MINI-PAK-CHOI
1 BD. FRÜHLINGSZWIEBELN (125 G)
3 EL KOKOSÖL
ANKERKRAUT SALZ
200 ML ANKERKRAUT GEMÜSEBRÜHE
200 G BREITE REISBANDNUDELN
2 TL SPEISESTÄRKE
1 EL ANKERKRAUT MUSCOVADO ZUCKER
2 EL SCHWARZER SESAM

1. Putenbrust mit Küchenpapier abtupfen, in etwa 2 cm große Würfel schneiden und mit 3 EL Curry Royal Gold in einer Schüssel vermengen.
2. Ananas schälen, der Länge nach zweimal durchschneiden, den Strunk herausschneiden und das Fruchtfleisch quer in Scheiben schneiden. Pak Choi putzen, abspülen und die Blätter längs halbieren. Frühlingszwiebeln putzen, abspülen und schräg in Ringe schneiden.
3. Das Öl in einer Pfanne erhitzen. Das Fleisch in zwei Portionen darin anbraten, salzen und aus der Pfanne nehmen. Brühe in die Pfanne geben, den Bratensatz damit lösen. Fleisch, Pak-Choi und Ananas dazugeben und zugedeckt etwa 5 Minuten bei kleiner Hitze garen.
4. Nudeln nach Packungsanleitung kochen und abtropfen lassen. Stärke und 2 EL Wasser verrühren, unter das Puten-Curry rühren und aufkochen lassen. Lauchzwiebeln und Zucker unterrühren. Das Puten-Curry mit Salz und Curry Royal Gold abschmecken und mit den Nudeln servieren. Nudeln mit Sesam bestreuen.

— STEFAN SAGT —

„Wenn ich richtig gute Laune habe, röste ich noch 50 g Cashewkerne oder gehackte Haselnüsse und streu sie auf das Blumenkohl-Curry.“

BLUMENKOHL-CURRY

45 MIN. 4 PORTIONEN HERD

ZUTATEN

3 SCHALOTTEN (100 G)
1 KNOBLAUCHZEHE
1 BLUMENKOHL (1 KG)
1 SÜSSKARTOFFEL (400 G)
2 – 3 EL ANKERKRAUT CURRY MADRAS
400 G KOKOSMILCH
150 ML ANKERKRAUT GEMÜSEBRÜHE
100 G KIRSCHTOMATEN
20 G KORINTHEN
ANKERKRAUT SALZ
MINZE ZUM GARNIEREN
ETWAS ÖL

1. Schalotten und Knoblauch schälen und in Streifen schneiden. Vom Blumenkohl die dunklen Blätter entfernen. Den Kohl in Röschen teilen und in einem Sieb abspülen. Die Blumenkohlstiele schälen und in breite Scheiben schneiden.
2. Die Süßkartoffel schälen, abspülen und in kurze etwa 1 cm dicke Streifen schneiden. Das Öl in einem Topf erhitzen, Schalotten und Knoblauch darin 2 Minuten anschwitzen. Curry Madras unterrühren. Süßkartoffelstreifen und Blumenkohlröschen und -stiele unterrühren. Kokosmilch und Brühe dazugeben und aufkochen. Das Gemüse bei milder Hitze etwa 8 Minuten im geschlossenen Topf dünsten.
3. Inzwischen die Kirschtomaten abspülen und in der Mitte durchschneiden. Tomatenhälften und Korinthen zum Gemüse geben und 2 – 3 Minuten dünsten. Das Blumenkohl-Curry mit Salz abschmecken.
4. Minze abspülen, trocken tupfen, die Blätter abzupfen und auf das Blumenkohl-Curry geben.

— ANNE SAGT —

„Ich mag dazu ja am liebsten Thai-Reis, Stefan bevorzugt die chinesischen Bandnudeln."

VEGGIE WOK

40 MIN. | 4 PORTIONEN | HERD

ZUTATEN

500 G PAPRIKASCHOTEN (ROT, GRÜN, GELB)
150 G ZUCKERSCHOTEN
1 BD. FRÜHLINGSZWIEBELN (125 G)
1 AUBERGINE
2 – 3 TL ANKERKRAUT WOK GEWÜRZ
3 EL ERDNUSSÖL
250 ML ANKERKRAUT GEMÜSEBRÜHE
100 G GERÖSTETE, GESALZENE ERDNÜSSE
2 EL SOJASAUCE

1. Das Gemüse abspülen. Die Paprikaschoten putzen und in Streifen schneiden. Die Zuckerschoten putzen und schräg durchschneiden. Von den Frühlingszwiebeln die Wurzeln und trockenen Enden abschneiden, die Zwiebeln in Ringe schneiden. Die Enden der Aubergine abschneiden. Die Aubergine längs halbieren, in dünne Scheiben schneiden und mit 1 TL Wok Gewürz mischen.

2. Das Erdnussöl in einem Wok oder einer großen Pfanne erhitzen. Zuerst die Paprikastreifen hinzugeben und 2 Minuten unter Rühren braten. Danach die Auberginenscheiben dazugeben und 2 Minuten braten. Die Brühe nach und nach hinzufügen. Anschließend Zuckerschoten 2 Minuten mitgaren.

3. Die Erdnusskerne grob hacken und zusammen mit den Frühlingszwiebeln in den Wok geben. Das Gemüse aufkochen und mit Sojasauce und restlichem Wok Gewürz abschmecken.

BROKKOLI-CREMESUPPE

45 MIN. 4 PORTIONEN HERD

ZUTATEN

700 G BROKKOLI
50 G SCHALOTTEN
1 KNOBLAUCHZEHE
40 G BUTTER
800 ML ANKERKRAUT GEMÜSEBRÜHE
30 G GEHOBELTE MANDELN
200 G SCHLAGSAHNE
ANKERKRAUT SALZ & PFEFFER
ANKERKRAUT MUSKATNUSS, GERIEBEN
1 – 2 TL ZITRONENSAFT

1. Den Brokkoli abspülen und in Röschen teilen. 200 g Röschen in Scheiben schneiden. Die Brokkolistiele schälen und in Scheiben schneiden.
2. Schalotten und Knoblauch schälen, in Scheiben schneiden und in 30 g Butter anschwitzen. Brokkoliröschen und -stile dazugeben und kurz anschwitzen. Die Brühe dazugeben und aufkochen. Das Gemüse im geschlossenen Topf etwa 15 Minuten köcheln lassen.
3. Inzwischen die Mandeln in einer Pfanne ohne Fett goldbraun rösten und auf einem Teller abkühlen lassen. Die restliche Butter in der Pfanne schmelzen, die Brokkolischeiben darin bei milder Hitze goldbraun braten.
4. Die Sahne zur Suppe geben und aufkochen. Die Suppe pürieren und mit Salz, Pfeffer, Muskatnuss und Zitronensaft würzen. Die Suppe mit Brokkolischeiben und Mandeln servieren.

KÜRBIS-SUPPE

35 MIN. 6 PORTIONEN HERD

ZUTATEN

1 HOKKAIDO KÜRBIS (ETWA 1,5 KG)
1 ZWIEBEL (50 G)
1 KNOBLAUCHZEHE
3 EL OLIVENÖL
2 EL ANKERKRAUT KÜRBISSUPPEN GEWÜRZ
4 EL WEISSWEIN
800 ML ANKERKRAUT GEMÜSEBRÜHE
200 G SCHLAGSAHNE
ANKERKRAUT SALZ
1 – 2 EL LIMETTENSAFT

1. Den Kürbis abspülen, halbieren, entkernen und in etwa 2 cm große Stücke schneiden. Die Zwiebel und den Knoblauch schälen und in Streifen schneiden.
2. Das Öl in einem Topf erhitzen. Zwiebel, Knoblauch und Kürbis darin anschwitzen. Kürbissuppen Gewürz unterrühren. Weißwein und Brühe dazugeben und aufkochen. Die Suppe im geschlossenen Topf etwa 15 Minuten kochen, bis die Kürbisstücke weich sind.
3. 150 g Sahne zur Suppe geben und aufkochen. Die Suppe im Standmixer oder mit einem Pürierstab fein pürieren. Mit Salz und Limettensaft abschmecken. Die Suppe in Schälchen füllen. Die restliche Sahne tropfenweise in die Suppe geben.

— STEFAN SAGT —

„Pilze gibt es ja leider nicht das ganze Jahr über. Aber Kürbis oder getrocknete Tomaten eignen sich auch wunderbar für ein Risotto."

PILZ-RISOTTO

45 MIN. 4 PORTIONEN HERD

ZUTATEN

3 SCHALOTTEN (100 G)
30 G BUTTER
350 G RISOTTOREIS
125 ML WEISSWEIN
ETWA 900 ML ANKERKRAUT GEMÜSEBRÜHE
1 ½ EL ANKERKRAUT PILZPFANNE
100 G PARMESAN
1 BD SCHNITTLAUCH
500 G WALDPILZE, Z. B. STEINPILZE UND PFIFFERLINGE
2 EL OLIVENÖL
ANKERKRAUT SALZ & PFEFFER

1. Die Schalotten schälen und in kleine Würfel schneiden. Die Butter in einem Topf erhitzen, die Schalottenwürfel 3 Minuten darin anschwitzen.
2. Den Reis dazugeben und anschwitzen. Mit Weißwein auffüllen und kräftig aufkochen. Danach so viel Brühe hinzufügen, dass der Reis etwa fingerbreit bedeckt ist. Pilzpfannen Gewürz unterrühren.
3. Den Reis im offenen Topf etwa 15 Minuten köcheln lassen. Dabei immer wieder so viel Brühe dazugeben, dass der Reis bedeckt ist. Zwischendurch umrühren.
4. Während des Garens den Käse reiben. Den Schnittlauch abspülen, abtrocknen und in dünne Ringe schneiden. Die Pilze putzen, falls nötig abspülen, und grob zerschneiden.
5. Fünf Minuten vor Ende der Garzeit das Öl in einer großen Pfanne erhitzen. Pilze darin 3 – 5 Minuten braten. Jeweils 2/3 des Parmesans, der Pilze und des Schnittlauchs unter den Risotto rühren. Den Risotto mit Salz und Pfeffer abschmecken und mit restlichem Parmesan, Schnittlauch und Pilzen garnieren.

SAMOSAS

60 MIN. 15 STÜCK HERD & FRITEUSE

ZUTATEN

100 G LAUCH
1 EL KOKOSÖL
150 G GETR. ROTE LINSEN
250 ML GEMÜSEBRÜHE
50 G KORINTHEN
2 TL ANKERKRAUT AFRICAN DESERT DUST
50 G GERÖSTETE CASHEWKERNE
1 EIWEISS
1 PCK. FILO- ODER YUFKATEIGBLÄTTER (10 BLÄTTER, 30 X 31 CM)
500 G VOLLMILCHJOGHURT
SALZ

AUSSERDEM

ETWA 2 L ÖL ZUM FRITTIEREN

1. Den Lauch putzen, der Länge nach aufschneiden, waschen und schräg in dünne Streifen schneiden. Das Öl in einem Topf erhitzen, den Lauch darin kurz anschwitzen. Linsen, Brühe und Korinthen dazugeben. Den Deckel auflegen. Linsengemüse etwa 8 Minuten dünsten, mit African Desert Dust würzen und abkühlen lassen.
2. Die Cashewkerne grob hacken und unter das Linsengemüse rühren. Das Eiweiß verquirlen.
3. Alle Teigblätter aufeinanderlegen und in drei etwa 10 cm breite Streifen schneiden. Alle 30 Teigstreifen aufeinanderlegen und mit Frischhaltefolie bedecken, damit sie nicht antrocknen. Zum Füllen je einen der 30 Teigstreifen längs auf die Arbeitsfläche legen. Die rechte, untere Ecke des Streifens nach links klappen, so dass unten ein Dreieck entsteht. Das Dreieck öffnen und mit 1 EL Linsengemüse füllen. Das Dreieck wieder schließen.
4. Dann das Dreieck erst gerade nach oben, anschließend nach rechts und wieder nach oben klappen. Das offene Teigende mit Eiweiß bestreichen, auf das Dreieck legen und andrücken. Anschließend das gefüllte Dreieck anstelle des Linsengemüses auf einen weiteren Teigstreifen legen und auf dieselbe Weise einwickeln. Aus den übrigen Teigblättern weitere 14 Samosas herstellen.
5. Das Öl auf etwa 175 °C erhitzen. Die Samosas in mehreren Portionen goldbraun frittieren und auf einem Kuchengitter abtropfen lassen. Den Joghurt mit Salz verrühren. Die Samosas kalt oder warm mit dem Joghurt servieren.

ANKERKRAUT
FLEUR DE SEL
NATUR

NEAPOLITA-NISCHE PIZZA

120 MIN. 4 PIZZEN OFEN

ZUTATEN

350 G WEIZENMEHL (TYPE 550)
ANKERKRAUT SALZ
1 PCK. TROCKENBACKHEFE (FÜR 500 G MEHL)
180 ML WASSER
5 EL OLIVENÖL
1 DOSE TOMATENSTÜCKE (400 G)
3 EL ANKERKRAUT PIZZAGEWÜRZ
30G TOMATENMARK
ETWA 1 KG VERSCHIEDENE TOMATEN
(Z. B. STRAUCH-, KIRSCH- UND
OCHSENHERZTOMATEN ODER BUNTE TOMATEN)
MEHL ZUM AUSROLLEN
6 STÄNGEL BASILIKUM

1. Für den Teig Mehl, 1 TL Salz und Hefe in einer Rührschüssel mischen. Wasser und 3 EL Öl dazugeben, die Schüssel mit einem sauberen Geschirrtuch zudecken und den Teig etwa 50 Minuten aufgehen lassen.

2. Inzwischen die Tomatenstücke mit Pizza Gewürz, Tomatenmark und etwas Salz verrühren. Die Tomaten abspülen, von den Größeren die Stielansätze keilförmig herausschneiden. Kirschtomaten waagerecht durchschneiden. Restliche Tomaten in etwa 1 cm dicke Scheiben schneiden. Den Backofen auf 250 °C (Heißluft: 230 ° C) vorheizen.

3. Den Teig in 4 Portionen teilen. Für jede Pizza eine Portion Teig auf der bemehlten Arbeitsfläche zu einer runden, sehr dünnen Platte (Ø etwa 32 cm) ausrollen und auf ein mit Backpapier belegtes Backblech legen. Den Teigrand rundherum 1 – 2 cm breit nach innen klappen.

4. Ein Viertel der gewürzten Tomatenstücke mit einem Löffel auf dem Teig verteilen, mit einem Viertel der verschiedenen Tomatenscheiben und –hälften belegen. 5 Minuten ruhen lassen.

5. Die Pizza auf der unteren Einschubleiste etwa 10 Minuten hellbraun backen. (Bei Heißluft können zwei Pizzen auf einmal gebacken werden.) Während der Backzeit die restlichen Pizzen auf die gleiche Weise vorbereiten.

6. Basilikum abspülen, trocken tupfen und die Blätter abzupfen. Die heißen Pizzen mit restlichem Olivenöl beträufeln und mit etwas Salz und Basilikumblättern garnieren.

SALZ WISSEN

SALZ IST DAS WÜRZMITTEL NUMMER 1 UND DER MIT ABSTAND AM MEIST KONSUMIERTE MINERALSTOFF IN DER MENSCHLICHEN ERNÄHRUNG. ES ENTHÄLT WEDER AROMEN NOCH ZUSÄTZLICHE GESCHMACKSKOMPONENTEN UND IST – TROMMELWIRBEL – EINE DER FÜNF GRUNDGESCHMACKSRICHTUNGEN (SÜSS, SAUER, SALZIG, BITTER, UMAMI). SALZ PASST IN RICHTIGER DOSIERUNG ZU NAHEZU JEDER SPEISE UND IST ZUDEM NICHT WENIGER ALS ÜBERLEBENSWICHTIG. ABER ES SOLLTE NICHT IN ZU HOHEM MASSE VERWENDET WERDEN. EINZIGE AUSNAHME: DU BIST KOCH ODER KÖCHIN UND SCHWER VERLIEBT.

MEERSALZ

Das Meersalz ist in der Regel etwas feuchter als gewöhnliches Kochsalz. Das liegt in erster Linie daran, dass es sich um ein Salz handelt, das in Meersalinen aus Meerwasser durch natürliche Verdunstung gewonnen wird. Pro Liter enthält Meersalz durchschnittlich 35g Salz und besteht zu 95 Prozent aus Natriumchlorid. Meersalz macht 30 Prozent der gesamten Salzproduktion aus – all over the world!

STEINSALZ

Steinsalz war früher Meersalz und ist durch klimatische und tektonische Veränderung vor mehreren Millionen Jahren im Stein eingelagert worden. Und da ist es nun und macht es sich unter der Erde in Salzstöcken gemütlich und erst dann vom Acker, pardon: vom Salzstock, wenn es bergmännisch aus dem Stein geschlagen wird: Der Natriumgehalt liegt übrigens bei 99 Prozent und Steinsalz macht 70 Prozent der weltweiten Salzproduktion aus.

SOLAI / SIEDESALZ

Zum Schluss noch was mit Tiefgang, denn hier lösen unterirdische Wasserquellen das Salz aus den Steinsalzstöcken heraus und reichern sich damit an. „Sole" nennt man das Salzwasser dann und diese kommt entweder auf natürlichem Wege an die Erdoberfläche oder sie wird künstlich hochgepumpt. Gewonnen wird das Salz dann schließlich durch Verkochen des Wassers, das sogenannte Sieden. Interessant, oder?

PERLENSALZ

STRUKTUR	perlenartig
HERKUNFT	Südwesten Afrikas
BESONDERHEIT	mild im Geschmack
PASST ZU	Brot und Olivenöl

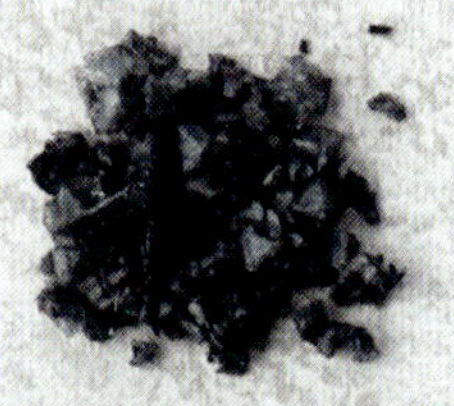

SCHWARZES PYRAMIDENSALZ

STRUKTUR	perlenartig
HERKUNFT	Südwesten Afrikas
BESONDERHEIT	mild im Geschmack
PASST ZU	Brot und Olivenöl

BAMBUSSALZ

STRUKTUR	pulvrig
HERKUNFT	Korea
BESONDERHEIT	enthält viele basische Mineralien
PASST ZU	Salat, gekochtes Gemüse

GRÜNES HAWAIISALZ

STRUKTUR	grob-körnig
HERKUNFT	Hawaii
BESONDERHEIT	angereichtert mit Bambusextrakt
PASST ZU	Wok, Curry

SCHWARZES HAWAIISALZ

STRUKTUR	grob-körnig
HERKUNFT	Hawaii
BESONDERHEIT	angereichtert mit Aktivkohle
PASST ZU	zum Nachwürzen am Tisch geeignet

ROTES HAWAIISALZ

STRUKTUR	grob-körnig
HERKUNFT	Hawaii
BESONDERHEIT	angereichtert mit vulkanischer Tonerde
PASST ZU	zum Nachwürzen am Tisch geeignet

RAUCHSALZ

STRUKTUR	fein-körnig
HERKUNFT	USA (Hickory) & Dänemark (Buchenholz)
BESONDERHEIT	mehrere Tage dem Rauch ausgesetzt
PASST ZU	gebratenes Steak

KALA NAMAK SALZ

STRUKTUR	Kieselstein-artig
HERKUNFT	Indien & Pakistan
BESONDERHEIT	extrem schwefelig-salzigen Geschmack
PASST ZU	Ei, vegane Ernährung

FLEUR DE SEL

STRUKTUR	Kristallplättchen
HERKUNFT	Europa
BESONDERHEIT	das edelste Meersalz
PASST ZU	zum Nachwürzen am Tisch geeignet

GRÜNE LASAGNE

90 MIN. 4-6 PORTIONEN OFEN

ZUTATEN

FÜR DIE BÉCHAMELSAUCE

60 G BUTTER
50 G WEIZENMEHL
600 ML MILCH
400 ML ANKERKRAUT GEMÜSEBRÜHE
130 G GERIEBENER MITTELALTER GOUDA
ANKERKRAUT SALZ, PFEFFER, GERIEBENE MUSKATNUSS

FÜR DIE GEMÜSEMISCHUNG

500 G GRÜNER SPARGEL
500 G ZUCCHINI
150 G TK-ERBSEN
3 EL ANKERKRAUT AGLIO E OLIO
12 LASAGNEPLATTEN (OHNE VORKOCHEN, ETWA 250 G)

ZUM EINSTREICHEN

2 EL OLIVENÖL

1. Für die Béchamelsauce die Butter in einem Topf schmelzen. Das Mehl unter Rühren darin anschwitzen. Nacheinander Milch und Brühe dazugeben und unter Rühren aufkochen. Ein Drittel des Käses unterrühren. Die Sauce mit Salz, Pfeffer und Muskat kräftig würzen.
2. Für die Gemüsemischung Spargel und Zucchini abspülen. Das untere Drittel der Spargelstangen schälen, die Enden abschneiden. Die Spargelstangen in der Mitte quer durchschneiden.
3. Die Enden der Zucchini abschneiden. Zucchini in dünne Scheiben schneiden. Gemüsescheiben mit Erbsen, Aglio e Olio und Öl in einer Schüssel vermengen. Den Backofen auf 200 °C (Heißluft: 180 °C) vorheizen.
4. Den Boden einer rechteckigen Auflaufform (etwa 2 ½ l) mit Öl bestreichen. 3 EL der Sauce auf dem Boden der Form verstreichen und mit einer Schicht Lasagneplatten belegen. Nacheinander jeweils ¼ der Gemüsemischung, ¼ der restlichen Bechamelsauce und Lasagneplatten darauf schichten. Diese Schichtung noch zweimal wiederholen. Zum Schluss die restliche Bechamelsauce darauf geben und mit übrigem Käse bestreuen.
5. Die Lasagne in den Backofen schieben und ca. 40 Minuten goldbraun backen.

— ANNE SAGT —

„Wenn noch etwas vom Granatapfel vom Frühstück übrig ist, streue ich gerne 1 – 2 EL der Granatapfelkerne nach dem Backen über den Feta. Das gibt dem Gericht nochmal eine besonders knusprig-fruchtige Note.“

ÜBERBACKENER FETA

MIT ZUCCHINI

45 MIN. 4 PORTIONEN OFEN

ZUTATEN

2 GRÜNE ZUCCHINI (500 G)
2 GELBE ZUCCHINI (500 G)
6 EL OLIVENÖL
3 EL ANKERKRAUT SCHAFSKÄSEGEWÜRZ GRILL
2 STÜCKE FETA (400 G)
½ BUND GLATTE PETERSILIE
25 G PISTAZIEN

1. Zucchini abspülen, die Enden abschneiden. Zucchini schräg in etwa 0,5 cm dicke Scheiben schneiden. Mit 4 EL Olivenöl und 2 EL Schafskäsegewürz in einer Schüssel vermengen.
2. Den Ofen auf 250°C (Heißluft: 230°C) vorheizen. Feta in 12 Dreiecke schneiden und mit restlichem Schafskäsegewürz bestreuen. Ein Backblech mit restlichem Öl bestreichen. Das Gemüse darauf verteilen, Schafskäse darauf legen und im vorgeheizten Backofen etwa 15 Minuten backen.
3. In der Zwischenzeit die Petersilie waschen, trocken schütteln, die Blätter abzupfen und grob hacken. Pistazien grob hacken.
4. Das Gemüse portionsweise mit jeweils 3 Feta-Ecken anrichten und mit Petersilie und Pistazien garnieren.

GEBACKENER ZIEGENKÄSE

MIT FEIGEN

25 MIN. 4 PORTIONEN OFEN

ZUTATEN

4 GROSSE, REIFE FEIGEN (JE 75 G)
200 G ZIEGENKÄSEROLLE
3 TL ANKERKRAUT KRÄUTER DER PROVENCE
ETWA 30 G RUCOLA
3 EL FLÜSSIGER HONIG

AUSSERDEM

8 KURZE HOLZSPIESSE

1. Den Backofen auf 200 °C (Heißluft: 180 °C) vorheizen. Die Feigen abspülen, trocken tupfen und 3 mal waagerecht durchschneiden. Ziegenkäserolle in 8 Scheiben schneiden, die Scheiben mit Kräutern der Provence bestreuen. Die Feigen mit jeweils 2 Käsescheiben wieder zusammensetzen und mit jeweils 2 Holzspießen fixieren.
2. Die Feigen auf ein mit Backpapier belegtes Backblech stellen. Die Feigen 8 – 10 Minuten backen, bis der Käse zu schmelzen beginnt.
3. Rucola waschen, trocken tupfen und auf 4 Teller verteilen. Die Feigen darauf stellen und mit Honig beträufeln. Die Holzspieße entfernen.

01

SALATDRESSING MIT DEM SALATGEWÜRZ GARTENKRÄUTER

DRESSING FÜR 4 SALAT-PORTIONEN

3 EL OBSTESSIG
1 TL APRIKOSENKONFITÜRE ODER ORANGENMARMELADE
2 TL ANKERKRAUT SALATGEWÜRZ GARTENKRÄUTER
2 EL OLIVENÖL
2 EL KÜRBISKERNÖL

Obstessig mit Konfitüre oder Marmelade und Salatgewürz verrühren. Olivenöl und Kürbiskernöl mit einem Schneebesen darunter schlagen oder alle Zutaten im geschlossenen Schraubglas kräftig schütteln.

— ANNE SAGT —

„Mein Lieblings-Dressing zu Sommersalaten mit Beeren oder herzhaften Salaten mit Avocado und Brot."

02

SALATDRESSING MIT DEM GURKENSALAT GEWÜRZ

DRESSING FÜR 4 SALAT-PORTIONEN

1 EL SCHMAND

1 TL MAYONNAISE

2 TL ANKERKRAUT GURKENSALAT GEWÜRZ

3 EL BALSAMICO BIANCO

1 EL OLIVENÖL

Schmand, Mayonnaise und das Gurkensalat Gewürz miteinander verrühren. Essig und Öl mit einem Schneebesen unterrühren.

03

SALATDRESSING MIT DEM KRÄUTERBUTTER GEWÜRZ

DRESSING FÜR 4 SALAT-PORTIONEN

3 EL ACETO BALSAMICO

2 TL ANKERKRAUT KRÄUTERBUTTER GEWÜRZ

1 TL SENF

1 TL HONIG

4 EL OLIVENÖL

ANKERKRAUT SALZ & PFEFFER

Balsamico mit dem Kräuterbutter Gewürz, Senf und Honig verrühren. Olivenöl mit einem Schneebesen darunter schlagen oder alle Zutaten im geschlossenen Schraubglas kräftig schütteln.

FISH & CHIPS

90 MIN. 4 PORTIONEN FRITEUSE

ZUTATEN

FÜR DIE CHIPS

800 G GROSSE, VORWIEGEND FESTKOCHENDE KARTOFFELN
ETWA 3 TL ANKERKRAUT POMMES FRITES SALZ

FÜR DEN FISH

210 G WEIZENMEHL
½ TL BACKPULVER
ANKERKRAUT SALZ
125 ML HELLES BIER (Z. B. PILS)
2 EIER (GR. M)
700 G KABELJAU-LOINS
(ODER KABELJAUFILET OHNE HAUT UND GRÄTEN)

AUSSERDEM

ETWA 2 L ÖL ZUM FRITTIEREN

1. Die Kartoffeln schälen, abspülen und in lange, etwa 1 cm dicke Streifen schneiden. Die Streifen auf Küchenpapier trocken tupfen.
2. Für den Bierteig 150 g Mehl, Backpulver, ½ TL Salz, Bier und Eier verrühren und beiseite stellen.
3. Das Öl auf 160 °C erhitzen. Die Kartoffelstreifen in 3 Portionen jeweils 5 – 6 Minuten frittieren. Jede Portion auf Küchenpapier geben und abtropfen lassen. Den Backofen auf 170 °C (Heißluft: 150 °C) vorheizen.
4. Die Pommes Frites ein zweites Mal etwa 3 – 4 Minuten bei gleicher Temperatur frittieren, wieder auf Küchenpapier abtropfen lassen, anschließend auf ein mit Backpapier belegtes Backblech legen und im vorgeheizten Ofen warm halten.
5. Restliches Mehl in eine Schüssel geben. Kabeljaustücke schräg in etwa 16 Stücke schneiden, salzen und im Mehl wenden. Anschließend mit Hilfe von zwei Gabeln durch den Bierteig ziehen, abtropfen lassen und portionsweise 3 – 4 Minuten goldbraun frittieren. Fischstücke herausheben und kurz auf einem Kuchengitter abtropfen lassen. Danach zu den Pommes auf das Backblech legen und heiß halten. Restliche Fischstücke auf die gleiche Weise frittieren.
6. Die Pommes Frites mit Pommes Frites Salz würzen und portionsweise mit dem Fisch anrichten.

SCAMPI-NUDEL-PFANNE

40 MIN. 4 PORTIONEN HERD

ZUTATEN

1 ROTE ZWIEBEL (70 G)
1 FENCHEL (ETWA 200 G)
2 ORANGEN (350 G)
400 G GESCHÄLTE SCAMPI
300 G TAGLIATELLE
2 EL OLIVENÖL
2 EL ANKERKRAUT FISCH & SCAMPI
125 G SCHLAGSAHNE
125 ML ANKERKRAUT GEMÜSEBRÜHE
ANKERKRAUT SALZ, PFEFFER

1. Zwiebel schälen und in Würfel schneiden. Fenchel putzen, abspülen, das Grün beiseite legen, die Knollen halbieren und in Streifen schneiden.

2. Die Orangen so schälen, dass auch die weiße Haut mit entfernt wird. Die Orangen in etwa 1 cm große Würfel schneiden. Dabei den Saft auffangen. Scampi abspülen und mit Küchenpapier trocken tupfen.

3. Die Nudeln nach Packungsanleitung bissfest garen. 1 EL Öl in einer Pfanne erhitzen, Zwiebel und Fenchel darin 5 Minuten zugedeckt dünsten. 1 EL Fisch & Scampi Gewürz unterrühren. Sahne und Brühe dazugeben und aufkochen. Die Sauce in der offenen Pfanne etwa 4 Minuten einkochen lassen.

4. Nudeln abgießen und zur Sauce geben. Orangenwürfel und –saft unterheben. Mit Salz und Pfeffer würzen.

5. Restliches Öl in einer Pfanne erhitzen. Scampi mit restlichem Fisch & Scampi Gewürz bestreuen und im Öl etwa 2 Minuten braten. Scampi in die Nudel-Pfanne legen. Fenchelgrün grob hacken und über die Scampi streuen.

ZWEIERLEI POPCORN

25 MIN. 4 PORTIONEN HERD

ZUTATEN

4 EL RAPSÖL
120 G POPCORN MAIS
2 – 3 EL ANKERKRAUT TOMATENSALZ
60 G ANKERKRAUT MUSCOVADO ZUCKER

SALZIGES POPCORN

1. Für das salzige Popcorn 2 EL Öl und 60 g Mais in einen breiten Topf geben und verrühren. Den Topf mit dem Deckel verschließen. Den Topf auf den Herd stellen, mittlere Hitze einschalten und so lange warten, bis der Mais aufplatzt und ploppt. Auf kleine Hitze reduzieren. Den Topf nicht öffnen! Wenn es keine Geräusche mehr gibt, den Topf vom Herd ziehen und öffnen.
2. Das heiße Popcorn in eine große Schüssel geben und mit dem Tomatensalz mischen.

SÜSSES POPCORN

1. Für das süße Popcorn die Körner mit 2 EL Öl auf die gleiche Weise aufplatzen lassen und anschließend in eine Schüssel füllen. Den Topf reinigen, den Zucker hineingeben und bei kleiner Hitze schmelzen lassen. Das Popcorn unterrühren.

— STEFAN SAGT —

„Einer der besten Tricks, die ich je gelernt habe: Um ein Spritzen beim Entkernen des Granatapfels zu vermeiden, den eingeritzten Granatapfel in eine Schüssel mit Wasser legen, dann den Apfel aufbrechen und die Kerne herauslösen. Die Kerne anschließend in einem Sieb abtropfen lassen."

PORRIDGE

MIT GRANATAPFEL UND MANDELMILCH

20 MIN. 2 PORTIONEN HERD

ZUTATEN

½ GRANATAPFEL
1 MITTELGROSSER APFEL
80 G KERNIGE HAFERFLOCKEN
350 ML MANDELMILCH
5 TL ANKERKRAUT APFEL-ZIMT
1 PRISE ANKERKRAUT SALZ

1. Vom Granatapfel die Schale mit einem Messer einritzen. Den Granatapfel aufbrechen und die Kerne herauslösen. Achtung, das spritzt und gibt rote Hände, eventuell Handschuhe anziehen.
2. Den Apfel waschen, vierteln und das Kerngehäuse entfernen. Die Viertel in kleine Würfel schneiden.
3. Haferflocken, Mandelmilch und Apfel-Zimt-Gewürz in einen Topf geben und unter Rühren aufkochen. Die Apfelwürfel, bis auf 1 – 2 EL zum Garnieren, dazugeben. Das Ganze bei milder Hitze etwa 3 Minuten köcheln lassen.
4. Das Porridge mit Salz abschmecken und mit den Granatapfelkernen und den restlichen Apfelwürfeln bestreuen.

„ALLES UNTER 500 G IST CARPACCIO"

Stefans Motto

Kategorie

GRILLEN

SCHWEIN

KNAPP 30 MILLIONEN SCHWEINE LEBEN MIT UNS 80 MILLIONEN MENSCHEN IN DEUTSCHLAND. KEIN WUNDER, DASS DAS SCHWEIN DAS MEISTGEKAUFTE TIER BEIM SCHLACHTER IST. GANZ VORNE MIT DABEI SIND NATÜRLICH DAS NACKENSTEAK, SCHINKEN UND RIPPCHEN. AM LIEBSTEN MARMORIERT MIT FETT IN DER MUSKULATUR.

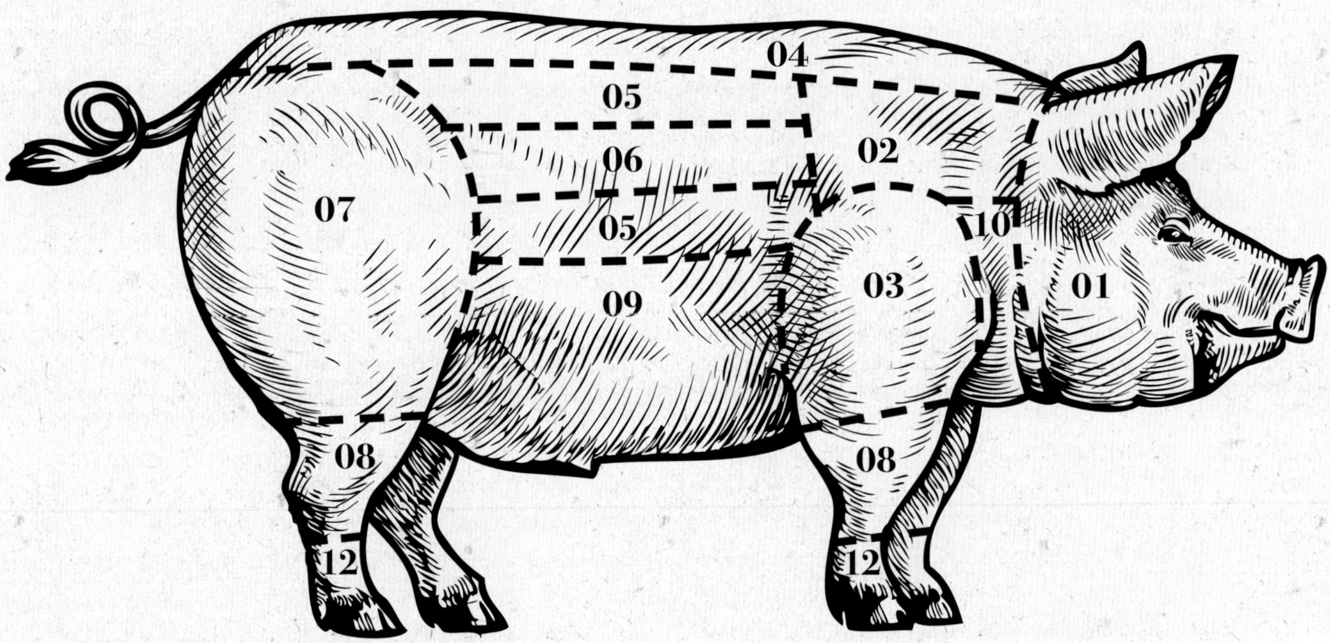

01 KOPF
02 NACKEN, HALS, KAMM
03 SCHULTER, BUG
04 RÜCKENSPECK, GRÜNER SPECK
05 KOTELETT
06 FILET
07 SCHINKEN
08 VORDER- UND HINTEREISBEIN
09 BAUCH
10 DICKE RIPPE, BRUSTSPITZE
11 SCHWANZ
12 FÜSSE

RIND

DAS RIND IST NICHT EINFACH NUR „RIND". ES IST FACETTENREICH UND VOLLER SCHÄTZE: RÜCKEN, SCHULTER, BRUST, DÜNNUNG UND HINTERVIERTEL HABEN ALLE IHRE UNTERSCHIEDLICHEN GRILLSTÜCKE UND DIESE WIEDERUM IHRE FAN-GEMEINDE. VOM TRI TIP, ZUM FLANKSTEAK, ÜBER DAS PORTERHOUSE AUS DEM RÜCKEN, BIS HIN ZUM BRISKET AUS DER BRUST IST FÜR JEDEN GRILLMEISTER ETWAS DABEI.

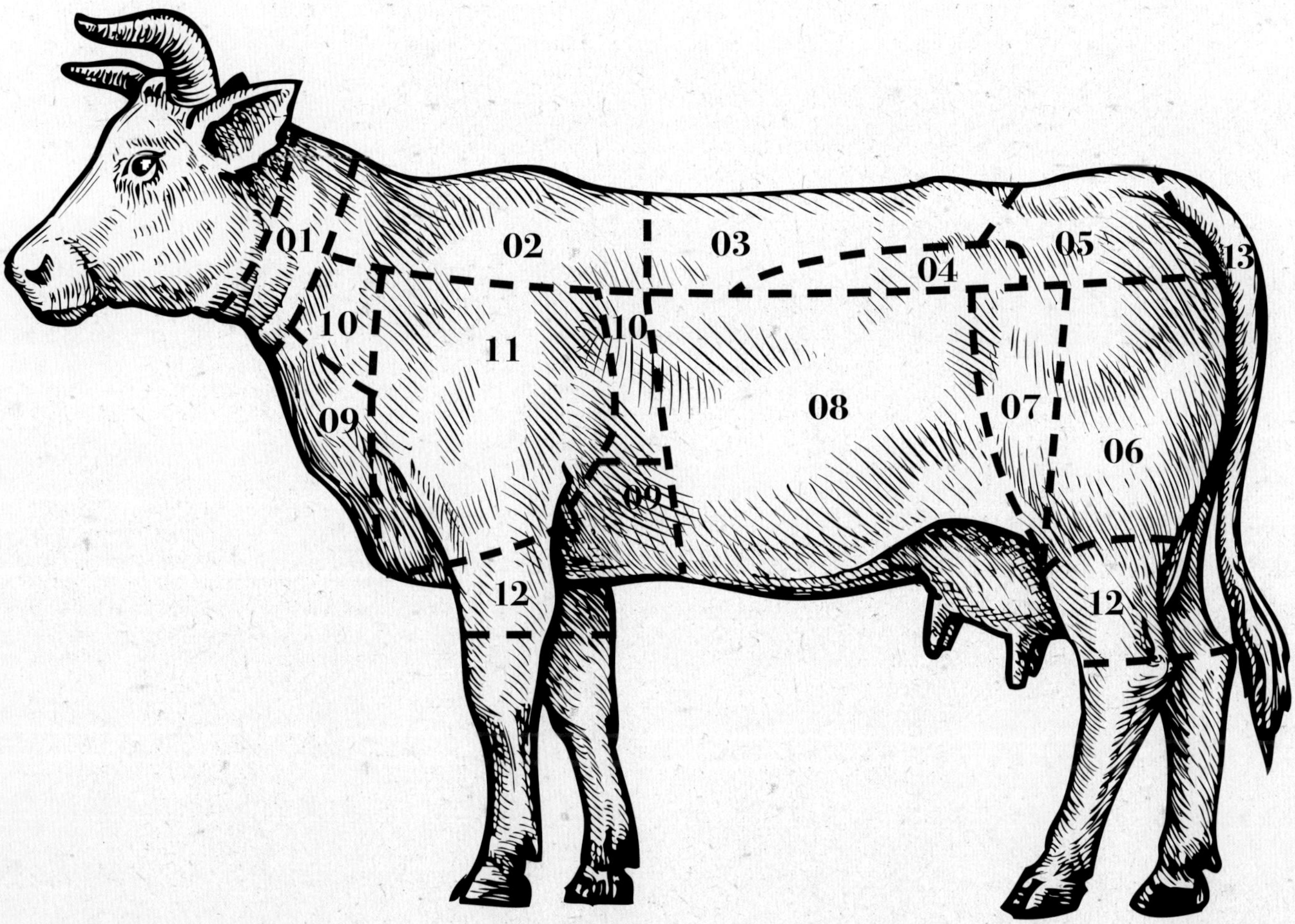

01 KAMM, NACKEN, HALS
02 FEHLRIPPE, HOHE RIPPE
03 HOCHRIPPE, ROASTBEEF
04 FILET
05 HÜFTE, BLUME
06 UNTER- UND OBERSCHALE
07 KUGEL
08 DÜNGUNG, BAUCH
09 SPANNRIPPE, QUERRIPPE
10 BRUST, BRUSTSPITZE, -KERN
11 BUCH, SCHULTER, BLATT
12 VORDER- UND HINTERHESSE
13 SCHWANZ

BBQ RUB

DU KENNST RAP-MUSIK UND WEISST, WAS EIN WRAP IST. ABER HAST DU AUCH EINEN PLAN, WENN JETZT JEMAND MIT DIR ÜBER DEN BBQ RUB FACHSIMPELN MÖCHTE? ALSO: EIN BBQ RUB IST EINE TROCKENMARINADE VOLLER WÜRZIGER BESTANDTEILE ZUM EINREIBEN VON FLEISCH. WIR VERRATEN HIER UNSERE TOP 4 BBQ-RUB-BAUSTEINE.

BESTANDTEIL 1

Auf jeden Fall eine neutrale Basis verwenden. Wir empfehlen zum Beispiel Paprika oder Senfpulver.

BESTANDTEIL 2

Salz ist nicht nur für den Geschmack verantwortlich, sondern beeinflusst auch die Struktur. So kann das Rub besser ins Fleisch einziehen.

BESTANDTEIL 3

Zucker karamellisiert während des Garens und verspricht eine süßliche Note am Fleisch.

BESTANDTEIL 4

Die richtige Wahl an Kräutern und Gewürzen ist am Ende ausschlaggebend für das perfekte Rub!

MARINADE

DU WILLST RICHTIG GEIL MARINIEREN? WICHTIG: GIB DEM FLEISCH ZEIT, NOCH LECKERER, ZARTER UND WÜRZIGER ZU WERDEN! DANN IST ES GANZ EGAL FÜR WELCHE LECKERE VARIANTE DES MARINIERENS DU DICH ENTSCHEIDEST, DU BASTELST DIR GARANTIERT EINE GESCHMACKSEXPLOSION ZUSAMMEN: BOOM!

ÖL-MARINADEN

Die favorisierte Trockenmarinade oder die Lieblingsgewürze vermengt mit reichlich Öl.

SAURE MARINADEN

Der Klassiker für den Sauerbraten: Öl mit Zitronensaft oder Essig gemixt mit Gewürzen oder einem BBQ Rub. Erzielt eine angenehme Konsistenz.

SÜSSE MARINADEN

Manche mögen's süß: Die Öl Marinade, verlängert durch Honig oder Fruchtsaft, gibt dem Grillgut eine karamellige Note. Vorsicht: Hitze im Zaun halten, sonst verbrennt der Zucker.

CREMIGE MARINADEN

Für besonders zartes und saftiges Fleisch nimmt man eine cremige Marinade aus Joghurt, Senf und Gewürzen. Passt super zu Geflügel.

ANKERKRAUT
MAGIC DUST
TROCKENMARINADE
BBQ-RUB

BURNT ENDS

140 MIN. 4 - 6 PORTIONEN GRILL

ZUTATEN

1,4 KG SCHWEINENACKEN AM STÜCK
50 G BUTTER
6 EL ANKERKRAUT MAGIC DUST
70 G BBQ SAUCE

1. Den Grill oder Smoker auf 120 °C vorheizen. Das Fleisch mit Küchenpapier abtupfen und in etwa 4 cm große Würfel schneiden. Fleischwürfel in eine große Schüssel geben und mit Magic Dust einreiben.
2. Die Fleischstücke auf den Grill oder Smoker legen und bei indirekter Hitze 2 Stunden garen. Die Butter schmelzen.
3. Das Fleisch in eine flache Metallform legen. Die Grilltemperatur auf 150° C erhöhen. Das Fleisch nacheinander mit der geschmolzenen Butter und BBQ-Sauce bestreichen. Das Fleisch in der Metallform weitere 2 Stunden bei 150° C ohne Rauch garen.

ANKERKRAUT
SWEET
APPLE RIBS
BBQ-RUB

SWEET APPLE RIBS

MIT COLESLAW

255 MIN. 4 - 6 PORTIONEN GRILL

ZUTATEN

FÜR DIE RIPS

3 EL RAPSÖL
7 EL ANKERKRAUT SWEET APPLE RIBS
2 KG BABY-BACK SCHWEINERIPPCHEN (OHNE SILBERHAUT)
200 G PASSIERTE TOMATEN
1 ½ EL ANKERKRAUT MUSCOVADO ZUCKER

FÜR DEN COLESLAW

600 G SPITZKOHL
200 G MÖHREN
1 TL KÜMMELSAMEN
ANKERKRAUT SALZ & PFEFFER
1 – 2 EL WEISSWEINESSIG
50 G SALAT-MAYONNAISE
100 G VOLLMILCHJOGHURT

1. Rapsöl und 5 EL Sweet Apple Ribs Gewürz verrühren. Die Schweinerippchen mit der Gewürzmischung rundherum einreiben und etwa 3 Stunden zugedeckt im Kühlschrank marinieren.
2. Den Grill vorheizen. Die Rippchen auf den Grill legen und bei indirekter Hitze bei 120 – 130 °C etwa 90 Minuten grillen.
3. Inzwischen passierte Tomaten, restliches Sweet Apple Ribs Gewürz und Muscovado Zucker verrühren. Die Fleischseite der Ribs damit bestreichen. Die Ribs weitere etwa 90 Minuten bei gleicher Temperatur fertig grillen.
4. Für den Coleslaw den Kohl putzen, der Länge nach vierteln, den Strunk herausschneiden und die Viertel quer in feine Streifen schneiden. Die Möhren schälen und auf der Haushaltsreibe raspeln. Beides in eine Schüssel geben. Den Kümmel in einer trockenen Pfanne rösten, bis er duftet. Den Kümmel, Salz, Pfeffer und Essig zum Gemüse geben und leicht verkneten.
5. Mayonnaise und Joghurt unterrühren. Den Salat mit Salz, Pfeffer und Essig abschmecken. Die Ribs mit dem Salat servieren.

— ANNE SAGT —

„Wir sind ja viel unterwegs und haben nicht immer so viel Zeit. Deswegen liebe ich es Sachen vorzubereiten. Die Sauce lässt sich zum Beispiel gut 1–2 Tage im Voraus zubereiten."

CURRYWURST

MIT FRUCHTIGER SAUCE

35 MIN. 4 PORTIONEN GRILL HERD

ZUTATEN

2 ZWIEBELN (100 G)
1 KNOBLAUCHZEHE
1 APFEL (200 G)
2 EL RAPSÖL
2 – 3 EL ANKERKRAUT CURRYWURST
400 G PASSIERTE TOMATEN
2 – 3 EL BIRNENDICKSAFT
ANKERKRAUT SALZ & PFEFFER
8 CURRYWÜRSTE (JE 80 G)

1. Den Grill vorheizen. Zwiebeln und Knoblauch schälen und fein würfeln. Apfel abspülen, schälen, vierteln und das Kerngehäuse entfernen. Die Apfelviertel in Würfel schneiden.

2. Das Rapsöl in einem Topf erhitzen. Zwiebeln- und Knoblauchwürfel darin anschwitzen. Apfelwürfel, 2 EL Currywurst Gewürz dazugeben und kurz mit anschwitzen. Passierte Tomaten und 2 EL Birnendicksaft unterrühren. Das Ganze im offenen Topf etwa 10 Minuten zu einer dickflüssigen Sauce einkochen lassen.

3. Die Sauce fein pürieren und mit Salz, Pfeffer und Birnendicksaft abschmecken.

4. Inzwischen die Currywürste auf beiden Seiten mehrfach einritzen. Die Würste auf den Grill legen und bei direkter Hitze von beiden Seiten goldbraun grillen. Die Würste nach Belieben in Scheiben schneiden, mit der Sauce anrichten und mit Currywurst Gewürz bestreuen.

DAS CHILI-METER

PAPRIKA

0 - 10 SCU

Man mag und kennt mich und hat mich in fast jeder Küche. Ich bin aber auch ne ganz aromatische und trage getrocknete und gemahlene Paprikaschoten von Kindesbeinen in mir. Aber bitte aufpassen: verkuppel' mich nicht mit heißem Fett – das wird ganz bitter!

PIMENT D'ESPELETTE

1.500 - 2.500 SCU

Wenn es um Chilis geht, setze ich dem Ganzen die Krone auf. Will sagen: edler geht nicht! Würzige Schärfe, ein Hauch Röstaroma und dann dieser Name: Piment d'Espelette. Ich bin die Königin der Küche.

JALAPEÑO ROT UND GRÜN

2.500 - 8.000 SCU

Der Unterschied zwischen uns roten Jalapenos und uns grünen? Ganz einfach: Wir grünen werden unreif geerntet, haben dickes, saftiges Fruchtfleisch und können sehr scharf sein. Wir roten hingegen sind weniger scharf, aber dafür süß. Sweet, oder?

CHIPOTLE CHILI

5.000 - 10.000 SCU

Kennen wir uns nicht? Na klar! Man nennt mich auch „geräucherte Jalapeño". Na, klingelt's!? Ich gebe zu, ich bin etwas runzelig und ledrig – aber wie sagt man so schön: je oller, je doller! Ich bin rauchig, schokoladig und sehr scharf. Ich finde, wir sollten uns mal kennenlernen.

CAYENNEPFEFFER

30.000 - 50.000 SCU

Warum ich eines der beliebtesten Gewürze der Welt bin? Weil ich ordentlich Pfeffer im Hintern habe! Außerdem bin ich pflegeleicht und passe zu fast allem. Unter uns: ich bin eigentlich gar kein Pfeffer, sondern ne Art Paprika. Dumdidum.

SCHÄRFE MESSEN MIT DER SCOVILLE-SKALA (SCU)

JUNGE, WAS BIN ICH SCHARF! WAS. BIN. ICH SCHARF! OK, EHRLICH GESAGT IST DAFÜR DAS CAPSAICIN MEHR VERANTWORTLICH, ALS MEIN SCHÖNER, ROTER TEINT. GEMESSEN WIRD MEINE SCHÄRFE ÜBRIGENS IN SCOVILLE UND JE KLEINER ICH BIN, DESTO KRASSER WIRD ES. MEIN RAT: FANG' MIT GELB AN, IS WENIGER HOT. GLAUB MIR: WER SEINE KLAPPE MIT MIR ZU VOLL NIMMT, HAT EIN PROBLEM: SCHMERZEN IM MUNDRAUM!

BIRD'S EYE

50.000 - 100.000 SCU

¡Hola! Auch ich gehöre zu den Schärfsten der Welt – ich sage nur 100.000 Scoville, verteilt auf scharfe 2 – 3 Zentimeter. Ich gebe jedem Gericht den Kick und wäre vor jedem Gericht schuldig der Anklage „unfassbar scharf". Aber: ich rege Kreislauf und Verdauung an. ¡Hasta luego!

HABANERO

100.000 - 350.000 SCU

Ich bin Habanero von der Halbinsel Yucatan und galt lange als der Schärfste der Welt. Egal. Ich bin meist gelb oder orange oder auch rot und gebe euch den Tipp: kocht, mich kurz im Ganzen mit und nehmt mich dann wieder raus.

BHUT JOLOKIA

1.000.000 SCU

Ich gebe es zu Leute, es ist kompliziert. Ich habe zwar die Habanero-Variante „Red Savina" als schärfste Chili der Welt überholt, mein Bro „Trinidad Skorpion" ist aber NOCH schärfer. Das soll er euch aber selbst erzählen...

TRINIDAD SKORPION

1.400.000 SCU

Was soll ich sagen... ich bin tatsächlich eine der schärfsten Chilis auf der ganzen Welt! Oder hast du schon mal von einem Skorpion gehört, der nur ein „bisschen giftig" ist? Siehste! Außerdem erinner' ich „untenrum" an den Stachel meines Namenvetters. Ach ja, geschmacklich bin ich zwar sehr scharf, aber auch fruchtig.

— STEFAN SAGT —

„Dazu passt gegrillter grüner Spargel mit etwas Zitronenschale und Olivenöl gewürzt. Übrigens wird Onglet auch unter dem Namen "Nierenzapfen" verkauft. Wir bestellen es beim Metzger meistens vor, da es nicht immer vorrätig ist."

ONGLET

20 MIN. 4 PORTIONEN GRILL

ZUTATEN

2 STÜCKE ONGLET (JE ETWA 450 G, OHNE SEHNE)
2 – 3 EL ANKERKRAUT WIESEL MAGIC BEEF
3 EL RAPSÖL

1. Die Fleischstücke mit Küchenpapier trocken tupfen und von beiden Seiten mit Wiesel Magic Beef einreiben. Das Fleisch in Frischhaltefolie wickeln und bei Zimmertemperatur etwa 45 Minuten marinieren. Den Grill vorheizen.
2. Die Fleischstücke etwa 5 Minuten von beiden Seiten bei direkter Hitze grillen. Das Fleisch auf einen vorgewärmten Teller legen, mit Alufolie bedecken und etwa 8 Minuten ruhen lassen.
3. Onglet in dünne Scheiben schneiden und auf Tellern anrichten.

ÜBRIGENS

Die BBQ Wiesel haben sich mit ihren Rubs zu den BBQ World Champions gegrillt

STEFANS LIEBLINGSBURGER

TRIPLE-CHILI-CHEESE

45 MIN. | 2 BURGER | GRILL

ZUTATEN

500 G RINDERHACKFLEISCH
3 EL ANKERKRAUT MAGIC BEEF
1 ZWIEBEL (70 G)
2 JALAPEÑOS
EINIGE SALATBLÄTTER
2 MITTELGROSSE TOMATEN
6 STREIFEN BACON
2 BURGER BRÖTCHEN
6 SCHEIBEN GOUDA
6 EL BBQ-SAUCE
ANKERKRAUT STEAKPFEFFER HAMBURG

1. Das Hackfleisch mit Magic Beef verkneten, in 6 Portionen teilen und auf Backpapier legen. Aus dem Hackfleisch flache Buletten formen, die etwas größer sind, als die Burger Brötchen.

2. Den Grill vorheizen. Inzwischen die Zwiebel schälen und in Ringe schneiden. Die Jalapenos abspülen, putzen und in dünne Ringe schneiden. Salat putzen, abspülen und trocken tupfen. Die Tomaten abspülen und die Stielansätze keilförmig herausschneiden. Die Tomaten in Scheiben schneiden.

3. Den Bacon in einer Pfanne kross anbraten und beiseite legen. Zwiebelringe im Bratfett anschwitzen.

4. Die Buletten auf den Grill legen und 3 – 4 Minuten von jeder Seite bei direkter Hitze grillen. Die Burger Brötchen aufschneiden und für eine Minute auf dem Grill anrösten. Kurz vor Ende der Garzeit die Buletten mit jeweils 1 Scheibe Gouda und einer Scheibe Bacon bedecken. Den Käse leicht zerlaufen lassen und mit Steakpfeffer bestreuen.

5. Die Innenseiten der Burger Brötchen mit BBQ-Sauce bestreichen. Auf die unteren Brötchenhälften abwechselnd etwas Salat, die Buletten, Zwiebelringe, Jalapeno-Ringe und restliche BBQ-Sauce schichten und mit der oberen Brötchenhälfte bedecken. Nach Belieben mit Schaschlikspießen fixieren.

ANNES LIEBLINGSBURGER

BACON-AVOCADO

25 MIN. | 2 BURGER | GRILL

ZUTATEN

2 PUTENSCHNITZEL (JE ETWA 120G)
2 EL ANKERKRAUT BOMBAY CHICKEN
2 KLEINE TOMATEN
1 AVOCADO
4 BLÄTTER RÖMERSALAT
4 SCHEIBEN CHEDDAR
4 SCHEIBEN BACON
2 BURGER BRÖTCHEN
4 EL MAYONNAISE
ETWA 1 TL ANKERKRAUT 9 PFEFFER SYMPHONIE

1. Putenschnitzel mit Küchenpapier abtupfen. Schnitzel jeweils schräg halbieren und mit Bombay Chicken einreiben. Den Grill vorheizen.
2. Die Tomaten abspülen, die Stielansätze keilförmig herausschneiden. Die Tomaten in Scheiben schneiden. Die Avocado halbieren und den Stein entfernen. Die Avocado aus der Schale lösen und in Scheiben schneiden. Salat putzen, abspülen und trocken tupfen.
3. Das Fleisch bei direkter Hitze von beiden Seiten etwa 2 Minuten grillen. Zum Schluss den Cheddar auf das Fleisch legen und leicht zerlaufen lassen. Das Fleisch vom Grill nehmen. Den Bacon kross grillen.
4. Burger Brötchen aufschneiden. Die Innenseiten mit jeweils 1 EL Mayonnaise bestreichen. Auf die unteren Brötchenhälften nacheinander Tomatenscheiben, Salat, Putenschnitzel mit Cheddar, Bacon und Avocadoscheiben schichten. Mit etwas 9 Pfeffer Symphonie bestreuen. Nach Belieben mit Schaschlikspießen fixieren.

BOMBAY CHICKEN WINGS
ANKERKRAUT
TEXAS CHICKEN
BBQ-RUB

CHICKEN WINGS

35 MIN. 4 PORTIONEN GRILL

ZUTATEN

1,5 KG CHICKEN WINGS
3 EL RAPSÖL
2 EL ANKERKRAUT #SMOKE
2 EL ANKERKRAUT TEXAS CHICKEN
2 EL ANKERKRAUT BOMBAY CHICKEN
2 LIMETTEN

1. Den Grill vorheizen. In 3 mittelgroßen Schüsseln jeweils 1 EL Öl mit einer Gewürzmischung verrühren. Die Chicken Wings mit Küchenpapier abreiben. Jeweils 500 g Chicken Wings in einer Gewürzmischung wenden.
2. Die marinierten Chicken Wings auf den Grill legen und bei direkter Hitze etwa 15 Minuten grillen.
3. Die Limetten heiß abspülen, trocken tupfen und in Spalten schneiden. Die Chicken Wings mit Limettenspalten servieren.

— STEFAN SAGT —

„Grade in meinen Würz-Anfängen musste ich es Lernen abzuschmecken. Bei Hackfleisch ging das immer am besten, indem ich eine kleine Portion der gewürzten Menge gegrillt und probiert habe. Danach musste ich eventuell noch etwas Salz oder Köfte Gewürz ergänzen.“

KÖFTESPIESSE

MIT MINZ-JOGHURT

50 MIN. 4 PORTIONEN GRILL

ZUTATEN

FÜR DIE SPIESSE

1 BRÖTCHEN VOM VORTAG
1 ZWIEBEL (40 G)
4 GRÜNE SPITZPAPRIKA (JE 50 G)
750 G GEMISCHTES HACKFLEISCH (Z. B. LAMM UND KALB)
3 – 4 EL ANKERKRAUT KÖFTE GEWÜRZ
ANKERKRAUT SALZ

FÜR DEN MINZ-JOGHURT

2 TL ANKERKRAUT NANA MINZE
500 G SAHNEJOGHURT
ANKERKRAUT SALZ

AUSSERDEM

8 SCHASCHLIKSPIESSE

1. Den Grill vorheizen. Das Brötchen etwa 10 Minuten in lauwarmem Wasser einweichen. Die Zwiebel schälen und in kleine Würfel schneiden. Vom Spitzpaprika den Stiel abschneiden, die Schoten in etwa 2 cm breite Ringe schneiden. Paprikaringe abspülen, dabei die Kerne entfernen.
2. Das Brötchen ausdrücken und in kleine Stücke zupfen, mit Hackfleisch, Zwiebelwürfeln, 3 EL Köfte Gewürz und Salz verkneten. Aus dem Hackfleisch 24 Bällchen formen. Auf jeden Schaschlikspieß abwechselnd 3 Hackbällchen und 4 Paprikaringe stecken.
3. Die Spieße bei direkter Hitze etwa 10 Minuten grillen, dabei mehrfach wenden.
4. Inzwischen die Minze in den Händen fein zerreiben und unter den Joghurt rühren. Mit Salz abschmecken. Die Schaschlikspieße mit dem Joghurt servieren.

FLEUR DE SEL
HAMBURG · ANKERKRAUT · GESCHMACKSMANUFAKTUR
AK
BESTES MEERSALZ

LACHS

VON DER HOLZPLANKE

60 MIN. | 4 PORTIONEN | GRILL

ZUTATEN

750 G LACHSFILET MIT HAUT
2 BIO-LIMETTEN
3 TL ANKERKRAUT FLEUR DE SEL KRÄUTER

AUSSERDEM

1 GRILLPLANKE

1. Die Grillplanke für mindestens 1 Stunde in lauwarmes Wasser legen. Die Planke beschweren, damit sie komplett mit Wasser bedeckt ist. Den Grill auf 175 – 200 °C vorheizen.
2. Den Lachs mit Küchenpapier abtupfen. Die Gräten mit einer Pinzette herausziehen. Die Limetten heiß abwaschen. 1 Limette auspressen, die andere in Spalten schneiden. Den Lachs auf der Innenseite erst mit Limettensaft beträufeln , danach mit Fleur de Sel bestreuen.
3. Die Planke abtropfen lassen und für 5 Minuten auf den Grillrost legen, bis sich leichter Rauch entwickelt. Die Planke umdrehen. Den Lachs mit der Hautseite nach unten auf die Planke legen.
4. Den Lachs auf der Planke im geschlossenen Grill ca. 20 Minuten grillen, so dass der Lachs innen noch glasig ist.
5. Den Lachs portionsweise mit Limettenspalten anrichten.

STEFAN SAGT

„Die Brotscheiben bestreiche ich vor dem Garen am liebsten noch mit einer aufgeschnittenen Knoblauchzehe.“

BRUSCHETTA

25 MIN. | 4 PORTIONEN | GRILL

ZUTATEN

6 REIFE TOMATEN (600 G)
16 DÜNNE SCHEIBEN CIABATTA-BROT (ETWA 160 G)
6 EL OLIVENÖL
3 EL ANKERKRAUT BRUSCHETTA

1. Den Grill vorheizen. Tomaten abspülen, Stielansätze keilförmig herausschneiden. Die Tomaten in Würfel schneiden, in einer Schüssel mit 2 EL Olivenöl und Bruschetta Gewürz vermengen.
2. Die Brotscheiben von beiden Seiten mit dem übrigen Olivenöl bestreichen. Die Scheiben anschließend auf den Grill legen. Von beiden Seiten kurz bei direkter Hitze goldbraun rösten.
3. Die Bruschetta-Tomaten auf die Brotscheiben verteilen.

MAJORAN

Klugscheißer sagen auch „Winterlicher Oregano", der Rest nennt das bekannteste Küchenkraut des Landes beim Namen: Majoran. Was für alle gleich ist, ist sein Einsatzgebiet: Zu deftigen Speisen mit kräftigem Geschmack.

BASILIKUM

Funfact: Basilikum kommt ursprünglich aus Asien! Wer jetzt auf Italien als Herkunftsland getippt hätte, kann dieses leckere grüne Etwas ja trotzdem weiterhin auf italienischen Mozzarella und italienische Tomaten packen – molto bene!

OREGANO

Das Must Have auf Pizza! More Italien goes not! Aber Achtung: Verwechslungsgefahr mit dem guten Thymian! Und schön piano beim Verwenden – die Würzkraft ist nicht zu unterschätzen.

ROSMARIN

DER Klassiker unter den Kräutern: mediterranes Kraut, packend wärmender Duft, straightes und unverwechselbares Aroma! Teste das mal aus – zum Beispiel zu Salz-Kartoffeln.

KRÄUTER

Würden wir einen auf fachchinesisch machen, würden wir schreiben, dass Kräuter im Fachterminus als krautige Pflanzen gelten, bei denen der oberirdische Pflanzenteil nicht verholzt ist – im Gegensatz zu Sträuchern und Bäumen. Wirklich interessant ist aber, aus was so ein Kraut besteht. Anschnallen: Wurzel, Stängel, Blätter und Blüten. Zudem werden sie nicht nur zum Verzehr, sondern auch als Heilpflanzen eingesetzt – Tee, Kosmetik und Badezusätze sind hier, dank des Heilwirkstoffes Phytopharmaka in Wurzel und Stängel, ganz vorne mit dabei. Geht's ums Würzen, solltest du lieber auf Blätter und Blüten setzen – frisch oder getrocknet tischt man die jedem gern auf.

KURKUMA (WURZEL)

Eine Wurzel als Basis von Currymischungen, intensiv gelber Farbe, die beim Trocknen ihre Frische verliert, Energie spendet und reinigend wirkt – wo gibt's denn so was? Hauptsächlich in Indien! Zum Glück aber auch hier.

ZIMT (RINDE)

DAS Allround-Talent unter den Gewürzen: süß, scharf, würzig, hammermäßig! Und dabei noch so klangvolle Sorten: Ceylon und Cassia. Fehlt eigentlich nur noch eine leicht süßliche Note dank der Rinde – check!

MUSKAT (FRUCHTKERN)

Heutzutage ist Muskat aus der europäischen Küche nicht mehr wegzudenken. Apropos denken: Hättest du gedacht, dass eben diesem Gewürz mit Pfeffer und Zimt im 17. Jahrhundert eine aphrodisierende Wirkung nachgesagt wurde? Geil, oder?

ANIS (SAMEN)

Ich trink Ouzo, was machst du so!? Zum Beispiel Süßes verfeinern! Denn Ouzo wird unter anderem zum Würzen süßer Speisen genutzt. Siehst du: Schon weißt du, wo der süßlich aromatische Duft nach Fenchel und Lakritz herkommt. Wieder was gelernt!

GEWÜRZE

Gewürze sind Pflanzen, bzw. Teile von Pflanzen. So weit, so Biologie Grundkurs! Aber wusstest du, dass zum Beispiel Knospen, Früchte, Wurzeln, Wurzelstöcke, Samen oder Rinden gerne als Zutat in Speisen oder Getränken verarbeitet werden? Jetzt weißt du's! Und es geht weiter: Sie werden auch als „Nutzpflanzen" bezeichnet, weil sie on top auf verschiedenste Weise (frisch, getrocknet, bearbeitet) ihren Gewürze-Kräuter-Mann stehen – echte Tausendsassas also.

—ANNE SAGT—

„Ich liebe diesen gegrillten Tomate-Mozzarella-Salat. Der passt einfach zu allem.“

GEGRILLTER TOMATE-MOZZARELLA-SALAT

30 MIN. 4 PORTIONEN GRILL

ZUTATEN

250 G BÜFFEL-MOZZARELLA
6 OCHSENHERZTOMATEN (800 G)
6 EL OLIVENÖL
1 – 2 EL ANKERKRAUT TOMATE-MOZZARELLA GEWÜRZ
3 STÄNGEL BASILIKUM
3 EL ACETO BALSAMICO
1 TL FLÜSSIGER HONIG
ANKERKRAUT SALZ & PFEFFER

1. Den Grill vorheizen. Den Mozzarella abtropfen lassen. Die Tomaten waschen und die Stielansätze keilförmig herausschneiden. Die Tomaten in etwa 2 cm dicke Scheiben schneiden und auf einer Seite dünn mit Öl bestreichen. Die Tomatenscheiben auf der bestrichenen Seite jeweils 1 – 2 Minuten grillen. Die Scheiben portionsweise auf Teller legen und mit etwas Tomaten-Mozzarella Gewürz bestreuen.
2. Basilikum abspülen, trocken tupfen und die Blätter abzupfen. Den Mozzarella in kleine Stücke zupfen und auf die Tomatenscheiben verteilen.
3. Für die Sauce Balsamico, Honig, Salz, Pfeffer und restliches Olivenöl (4 EL) verrühren und auf den Mozzarella träufeln. Basilikum klein zupfen und auf den Salat streuen.

— STEFAN SAGT —

„Man kann die Ananas-Spalten auch in der Grillpfanne zubereiten."

GEGRILLTE ANANAS

MIT EIS UND BAISER

30 MIN. 4 PORTIONEN GRILL

ZUTATEN

1 REIFE ANANAS (ETWA 1,2 KG)
3 EL ANKERKRAUT FRUIT & DESSERT
2 EL ÖL
20 G BAISER
4 KUGELN SCHOKO- ODER HIMBEEREIS

1. Den Grill vorheizen. Ananas schälen, der Länge nach vierteln und den Strunk herausschneiden. Die Viertel der Länge nach in jeweils 3 Spalten schneiden.
2. Die Ananasspalten in einer großen Schüssel mit Fruit & Dessert vermengen.
3. Die Ananasspalten dünn mit Öl bestreichen und bei direkter Hitze etwa 3 Minuten von beiden Seiten goldbraun grillen.
4. Für jede Portion 3 Ananasspalten auf einen Teller legen. Baiser zerbröseln. Jeweils 1 Kugel Eis und einige Baiserbrösel auf die Teller verteilen.

„KUCHEN HAT NUR WENIG VITAMINE, DESHALB MUSS MAN VIEL DAVON ESSEN"

Und das machen wir auch

Kategorie

BACKEN

BACKEN MIT GEWÜRZEN

ANIS

Der süßlich aromatische Geschmack mit Lakritz-Duft ist aus der Weihnachtsbäckerei nicht wegzudenken.

NELKEN

Allein schon vom Aroma ist die Nelke eine ganz Süße. Sie passt bestens zu Wild, ist ein typisches Wintergewürz und wirkt, pssst: verdauungsfördernd.

STERNANIS

Der angenehm beruhigende Duft des dekorativen Gewürzes macht Lust auf Backen und passt gemahlen ausgezeichnet ins würzige Süßgebäck.

ZIMT

Es gehört zu den ältesten Gewürzen der Welt und verzaubert uns vor allem bei süßen aber auch deftigen Speisen immer wieder auf's Neue.

KARDAMON

Kaum zu glauben, dass dieses exotische Gewürz ausgezeichnet zu Kuchen und Kleingebäck passt. Zu gern lassen wir uns von seinen ätherischen Ölen verwöhnen.

VANILLE

Das beliebteste unter allen Backgewürzen ist Vanille. Am besten frisch aus der Schote unbedingt in jeden süßen Teig einarbeiten.

MUSKATNUSS

Die Muskatnuss mit ihrem warm-würzigen Aroma macht sich auch in selbstgebackenen Winterplätzchen ganz ausgezeichnet.

TEIGARTEN

KNETEN, WAS DAS ZEUG HÄLT!

SELBSTGEMACHTES IST IMMER NOCH AM SCHÖNSTEN – DA MACHEN WIR AUCH BEI FRISCHEM BROT, KNUSPRIGEM FLAMMKUCHEN ODER SÜSSEN MÜRBETEIGPLÄTZCHEN KEINE AUSNAHME. UND DA DAS NUR DREI VON NAHEZU UNZÄHLIGEN LECKEREN GRÜNDEN SIND, GEHEN WIR DEM BACKEN JETZT MAL SO RICHTIG AUF DEN GRUND.

SAUERTEIG

Hast du schon mal ein Sauerteigbrot gebacken? Wenn ja, hast du sicher auch mitbekommen, dass Geduld nicht nur eine Tugend, sondern in diesem Fall unbedingt angeraten ist. Zeit, Fingerspitzengefühl und die feine Nase sind nicht nur mitzubringen, sondern oberstes Gebot. Mehrere Stunden benötigt der Teig, bis er bereit für den Ofen ist – und garniert mit dem richtigen Kräutermix, wirst du ein weiteres Mal erleben: Sehr gut Ding will Weile haben.

QUARK ÖL TEIG

Und wenn der Heißhunger auf Süßes schneller gestillt werden muss, legen wir das hier auf's Backblech: Quark-Öl-Teig. Gefüllt mit Schokostückchen oder Rosinen feat. unserem Weihnachts-Quark-Gewürz – mehr lecker geht kaum. Du kannst aber auch deine eigene Note mit reinbringen und sogar herzhaft pikante Quark Brötchen backen. Hey, pass auf das Wasser in deinem Mund auf...

FLAMMKUCHEN

Für Flammkuchen sind wir Feuer und... ok, lassen wir das. Dennoch müssen wir sagen: wir lieben Flammkuchen und seinen knusprigen Teig, der ausnahmsweise mal nicht aufgehen soll. Eat this: 500g Mehl, 250ml Wasser, 6EL Öl und Salz. Knete diese 4 Zutaten zu einem glatten Teig, rolle diesen dünn aus und backe ihn 15 Minuten, nach Lust und Laune bereits mit Belag.

SÜSSER MÜRBETEIG

Wenn es wieder „Süßer die Glocken nie klingen" heißt, wissen wir: Weihnachten steht vor der Tür. Und apropos süß: Etwas Abwechslung ins Kekse und Plätzchen backen bringst du rein, indem du deinen süßen Mürbeteig mal mit unserem Keksgewürz, Spekulatiusgewürz oder dem Lebkuchengewürz verfeinerst!

— ANNE SAGT —

„Der Apfel-Rhabarber-Crumble schmeckt am besten lauwarm mit halbsteif geschlagener Sahne oder mit etwas Sahnejoghurt."

APFEL-RHABARBER-CRUMBLE

60 MIN. 6 - 8 PORTIONEN OFEN

ZUTATEN

500 G ÄPFEL, Z. B. ELSTAR
300 G TK-RHABARBER
80 G ANKERKRAUT ROHRZUCKER
2 ½ EL ANKERKRAUT APFELKUCHEN GEWÜRZ
150 G WEIZENMEHL
40 G ANKERKRAUT MUSCOVADO ZUCKER
100 G WEICHE BUTTER
ETWAS SALZ

AUSSERDEM

1 TARTEFORM Ø 28 CM
WEICHE BUTTER ZUM EINFETTEN

1. Den Backofen auf 200 °C (Heißluft: 180 °C) vorheizen. Eine Tarteform (Ø 28 cm) einfetten.
2. Die Äpfel schälen, vierteln und die Kerngehäuse entfernen. Apfelviertel schräg in Scheiben schneiden und in einer Schüssel mit dem tiefgekühlten Rhabarber vermengen. Zucker und 2 EL Apfelkuchen Gewürz untermischen. Die Apfel-Rhabarber-Mischung in eine Tarteform geben.
3. Für die Streusel Mehl, Salz, Muscovado Zucker und restliches Apfelkuchen Gewürz in einer Rührschüssel mischen. Die Butter dazugeben. Die Zutaten mit einem Mixer (Rührstäbe) so lange rühren, bis die Streusel die gewünschte Größe haben. Die Streusel auf der Apfel-Rhabarber-Mischung verteilen.
4. Den Crumble etwa 40 Minuten backen.

KEY LIME PIE

60 MIN. | 1 KUCHEN | OFEN

ZUTATEN

225 G MEHL (TYP 405)
120 G BUTTER
ANKERKRAUT SALZ
12–14 BIO-LIMETTEN
4 EIER (GRÖSSE M)
500 G ANKERKRAUT ROHRZUCKER
100 G SPEISESTÄRKE
1 TL ANKERKRAUT NANA MINZE
2 EIGELB (GRÖSSE M)

AUSSERDEM

1 TARTEFORM MIT LIFT-OFF-BODEN/ SPRINGFORM (Ø 28 CM)
BUTTER ZUM EINFETTEN
BACKPAPIER UND GETR. ERBSEN ODER BOHNEN ZUM BACKEN

1. Mehl, 90 g Butter in kleinen Stückchen, 1 Prise Salz und 4 – 5 Esslöffel kaltes Wasser zu einem glatten Teig verkneten. In Frischhaltefolie wickeln und etwa 30 Minuten kühl stellen.

2. Den Backofen auf 200 °C (Heißluft 180 °C) vorheizen. Den Boden der Tarteform einfetten. Den Teig auf der bemehlten Arbeitsfläche zu einer runden Platte (30 cm Ø) ausrollen, in die Form legen und am Rand andrücken. Den Teigboden mit einer Gabel mehrmals einstechen. Einen Bogen Backpapier auf den Teig legen, so dass das Papier rundherum übersteht. Trockenerbsen oder -bohnen auf dem Papier verteilen. Den Teig im vorgeheizten Backofen etwa 20 Minuten backen. Backpapier mit den Erbsen oder Bohnen entfernen. Pie-Boden in der Form erkalten lassen.

3. Inzwischen die Limetten heiß waschen und trocken reiben. Die Schale einer Limette fein abreiben, von einer weiteren die Schale in dünnen Streifen abziehen. Alle Limetten auspressen. Eier trennen. Limettensaft (etwa 500 ml) mit Wasser auf 700 ml auffüllen. Mit der abgeriebenen Limettenschale, 300 g Zucker und restlicher Butter (30 g) aufkochen.

4. Stärke mit 100 ml kaltem Wasser glatt rühren und unter den kochenden Limettensud rühren. Etwa 1 Minute köcheln lassen, dabei weiter rühren und zum Schluss die Nana Minze hinzufügen.

5. Sechs Eigelb in einer Schüssel verquirlen, 4 EL der heißen Limettenmasse unterrühren. Dann unter die übrige Limettenmasse rühren. Die Masse nach und nach in die Tarteform auf den Pie-Boden geben und glatt streichen. 1 Stunde kühl stellen.

6. Den Backofen auf 200 °C (Heißluft 180 °C) vorheizen. Eiweiß steif schlagen. Nach und nach restlichen Zucker (200 g) einrieseln lassen, dabei weiterschlagen, bis sich der Zucker aufgelöst hat. Eischnee wellenartig auf der Creme verstreichen. Im vorgeheizten Backofen etwa 8 Minuten überbacken. Mit Limetten-Streifen verzieren und sofort servieren.

— ANNE SAGT —

„Als Kinder-Geburtstagskuchen hatte ich den immer mit Cranberrysaft anstelle des Rums bekommen. Jetzt mag ich ihn lieber mit Rum.“

ANNES GEBURSTAGS-KUCHEN

50 MIN. 1 KUCHEN OFEN & HERD

ZUTATEN

FÜR DEN TEIG

80 G GEMAHLENE HASELNUSSKERNE
80 G WEICHE BUTTER
80 G ANKERKRAUT MUSCOVADO ZUCKER
2 TL ANKERKRAUT VANILLEZUCKER
2 EIER (GR. M)
80 G MEHL
1 TL BACKPULVER

FÜR DIE FÜLLUNG UND DAS TOPPING

3 TL BRAUNER RUM
150 G PREISELBEEREN (A. D. GLAS)
50 G APRIKOSENKONFITÜRE
100 G MARZIPAN ROHMASSE
40 G PUDERZUCKER
50 G ZARTBITTERSCHOKOLADE
1 TL KOKOSFETT
40 G HASELNUSSKERNE

AUSSERDEM

1 HERZBACKFORM (ETWA 15 X 17 CM)
BUTTER ZUM EINFETTEN
ETWAS MEHL FÜR DIE FORM
KLEINE HERZ-AUSSTECHFORMEN

1. Den Backofen auf 180 °C (Umluft 160 °C) vorheizen. Die Herzform mit etwas Butter einfetten und mit Mehl ausstreuen.
2. Für den Teig die Nüsse in einer Pfanne ohne Fett bei kleiner Hitze rösten, bis sie duften. Anschließend auf einem Teller erkalten lassen.
3. Butter, Zucker und Vanillezucker mit den Quirlen des Handrührgerätes schaumig rühren. Die Eier nacheinander unterrühren. Mehl, Nüsse und Backpulver mischen und unterrühren. Den Teig in die Form füllen und 30 – 35 Minuten backen. Den Kuchen nach 10 Minuten aus der Form stürzen und auf einem Kuchengitter erkalten lassen.
4. Den Kuchen waagerecht durchschneiden. Die untere Hälfte mit Rum beträufeln und mit Preiselbeeren bestreichen. Die obere Hälfte darauf legen. Die Konfitüre pürieren und auf den Kuchen streichen.
5. Marzipanrohmasse mit 20 g Puderzucker verkneten. Arbeitsfläche mit restlichem Puderzucker bestäuben. Die Marzipanmasse darauf sehr dünn ausrollen. Das Marzipan auf das Herz legen und rundherum andrücken. Überstehende Ränder abschneiden. Aus den Marzipanresten unterschiedlich große Herzen ausstechen.
6. Die Schokolade hacken, mit Kokosfett in einer Schüssel über dem Wasserbad bei kleiner Hitze schmelzen. Die Schokolade abkühlen lassen, bis sie dickflüssig ist. Auf das Herz streichen und mit Marzipanherzen und ganzen oder gehackten Haselnusskernen garnieren.

CAKE-POPS IN DER WAFFEL

50 MIN. | 8 EISTÜTEN | OFEN & HERD

ZUTATEN

30 G GETR. SAUERKIRSCHEN
100 G WEICHE BUTTER
100 G BRAUNER ZUCKER
2 EIER (GR. M)
100 G WEIZENMEHL
1 TL BACKPULVER
20 G KAKAO
3 EL MINERALWASSER MIT KOHLENSÄURE
8 EISTÜTEN (125 G)
100 G SCHLAGSAHNE
3 – 4 TL ANKERKRAUT SCHOKO-KIRSCH
150 G ZARTBITTERSCHOKOLADE
20 G KOKOSFETT
30 G WEISSE SCHOKOLADE
KLEINE ZUCKERPERLEN ZUM BESTREUEN

AUSSERDEM

1 KASTENFORM (25 X 11 CM)
BUTTER ZUM EINFETTEN
GLÄSER, TASSEN ODER EINE ANDERE FORM FÜR DIE EISTÜTEN
REIS ODER ZUCKER

1. Den Backofen auf 180 °C (Heißluft: 160 °C) vorheizen. Für den Teig die Kirschen fein hacken. Butter und braunen Zucker schaumig schlagen. Eier nacheinander unterrühren. Mehl, Backpulver und Kakao vermischen und unterrühren. Mineralwasser unterrühren.
2. Die Kastenform einfetten, den Teig einfüllen und im vorgeheizten Backofen etwa 30 Minuten backen.
3. Den Kuchen 5 Minuten in der Form abkühlen lassen, anschließend aus der Form stürzen und erkalten lassen. Inzwischen die Eistüten mit einer mit einer Küchenschere am oberen Ende kürzen, dass die Tüten etwa 9 cm lang sind. Die abgeschnittenen Stücke zerkrümeln.
4. Die Sahne steif schlagen. Den Kuchen fein zerkrümeln. Schoko-Kirsch-Gewürz, Schlagsahne und die Krümel der Eistüten unterheben. Aus der Masse 8 Kugeln formen. Die Kugeln 15 Minuten kühl stellen.
5. Die Zartbitterschokolade in Stücke brechen. 15 g Kokosfett und Schokolade in eine Metallschüssel geben und über dem Wasserbad bei kleiner Hitze schmelzen. Die Kugeln einzeln auf eine große Gabel legen, mit der Schokolade überziehen, über der Schüssel abtropfen lassen und jeweils auf Backpapier legen. Die Schokolade fest werden lassen.
6. Inzwischen 8 Gläser oder Tassen mit Reis oder Zucker füllen und die Eistüten hineinstellen. Die Kugeln nochmals mit der Unterseite kurz in die geschmolzene Zartbitterschokolade tauchen. In jede Eistüte eine Kugel geben und leicht andrücken. Die Schokolade trocknen lassen.
7. Die weiße Schokolade fein hacken und mit restlichem Kokosfett bei kleiner Hitze über dem Wasserbad schmelzen. Die Schokolade abkühlen lassen, bis sie dickflüssig ist. Anschließend auf die Kugeln träufeln und sofort mit Zuckerperlen bestreuen. Die Schokolade fest werden lassen.

— ANNE SAGT —
„Stefan nimmt immer diese Profi-Geräte. Anstelle des Eiskugellöffels nehme ich einfach zwei Esslöffel.“

DOUBLE CHOCOLATE COOKIES

50 MIN. | 24 STÜCK | OFEN

ZUTATEN

100 G WEISSE SCHOKOLADE
300 G EDELBITTERSCHOKOLADE (70 % KAKAO)
125 G BUTTER
2 EIER (GRÖSSE M)
2 PRISEN ANKERKRAUT SALZ
100 G BRAUNER ZUCKER
50 G WEISSER ZUCKER
175 G MEHL (TYPE 405)
30 G KAKAO
2 – 2 ½ TL ANKERKRAUT KEKS GEWÜRZ
1 GESTRICHENER TL BACKPULVER

1. Weiße und 100 g der Edelbitterschokolade getrennt voneinander grob hacken oder in Würfel schneiden. Butter in Würfel schneiden. Übrige Edelbitterschokolade in Stücke brechen und mit der Butter in einer Schüssel über dem heißen Wasserbad schmelzen.
2. Eier, Salz, braunen und weißen Zucker in einer Rührschüssel mit den Quirlen des Handrührers etwa 5 Minuten schaumig schlagen. Lauwarme Schokoladen-Butter-Masse unterrühren.
3. Mehl, Kakao, Keks Gewürz und Backpulver mischen und kurz unterrühren. Zerkleinerte weiße und Edelbitterschokolade unter den Teig heben.
4. Zwei Backbleche mit Backpapier auslegen. Teig mit einem Eiskugellöffel (4 cm Ø) ausstechen, mit genügend Abstand zueinander jeweils 12 Portionen auf ein Backblech geben und etwas flacher drücken.
5. Die Bleche nacheinander, bei Heißluft zusammen, in den vorgeheizten Backofen schieben. Cookies etwa 14 Minuten backen.

— ANNE SAGT —

„Unsere Kinder lieben es, wenn sie die Waffeln in geschmolzene Schokolade eintunken und mit Zuckerperlen, gehackten Nüssen oder getrockneten Blüten bestreuen können."

WEIHNACHTS-WAFFELN

45 MIN. 4 PORTIONEN WAFFELEISEN

ZUTATEN

200 G WEICHE BUTTER ODER MARGARINE
130 G ANKERKRAUT MUSCOVADO ZUCKER
1 PRISE ANKERKRAUT SALZ
3 TL ANKERKRAUT WEIHNACHTSQUARK
4 EIER (GRÖSSE M)
200 G WEIZENMEHL (TYPE 405)
1 GESTR. TL BACKPULVER
125 ML MILCH

AUSSERDEM

WAFFELEISEN
2 EL RAPSÖL

1. Das Waffeleisen vorheizen.
2. Für den Teig Butter oder Margarine mit einem Handrührgerät mit Rührbesen schaumig schlagen. Muscovado Zucker, Salz und Weihnachtsquark Gewürz unterrühren. Die Eier nacheinander unterrühren. Mehl und Backpulver mischen und zusammen mit der Milch unterrühren.
3. Das Waffeleisen mit einem Backpinsel einfetten. Für jede Waffel 2 – 3 EL Teig in das Waffeleisen geben und mit dem Löffel verstreichen. Das Waffeleisen schließen. Die Waffel 2 – 3 Minuten backen und auf ein Kuchengitter legen. Insgesamt 8 Waffeln backen. Die Waffeln in Herze teilen.

– STEFAN SAGT –
„Dieses Brot-Rezept verwenden wir oft für unser Bruschetta. Das schmeckt einfach am besten mit selbstgemachtem Brot.“

ITALIENISCHES CIABATTA

25 MIN. 2 BROTE OFEN

ZUTATEN

500 G WEIZENMEHL (TYPE 550)
20 G FRISCHE HEFE
340 ML WASSER
1 ½ EL ANKERKRAUT ITALIENISCHE KRÄUTER
1 ½ TL ANKERKRAUT SALZ
2 EL OLIVENÖL
MEHL ZUM BEARBEITEN (ETWA 50 G)

1. Für den Vorteig 200 g Mehl in eine Schüssel geben. 10 g Hefe fein zerkrümeln und hinzufügen. 140 ml Wasser dazugeben und mit den Knethaken des Handrührers zu einem klebrigen Teig verarbeiten. Den Schüsselrand mit Wasser bestreichen, die Schüssel mit Frischhaltefolie verschließen. Den Teig etwa 13 Stunden bei Zimmertemperatur ruhen lassen.

2. Restliches Mehl (300 g), restliche Hefe (10 g), übriges Wasser (200 ml), italienische Kräuter, Salz und Olivenöl zum Teig geben und mit einem Kochlöffel in der Schüssel vermengen. Anschließend den klebrigen Teig auf die Arbeitsfläche geben. Den Teig ohne Zugabe von Mehl etwa 5 Minuten bearbeiten. Dabei immer wieder unter den Teig fassen, die Seiten hochziehen und nach innen zusammenlegen.

3. Den Teig großzügig mit Mehl bestäuben und in zwei gleiche Portionen teilen. Daraus zwei unregelmäßige Brote formen oder drehen, auf ein mit Backpapier belegtes Backblech legen und großzügig mit Mehl bestäuben. Die Saftpfanne des Backofens umgedreht auf das Backblech legen. Den Teig etwa 1 Stunde aufgehen lassen, bis das Volumen deutlich größer ist.

4. Eine kleine ofenfeste Schale mit Wasser füllen und in den Backofen stellen. Den Backofen auf 250 °C (Heißluft 230 °C) vorheizen. Wenn die Temperatur erreicht ist, die Schale vorsichtig entfernen, den Ofen sofort schließen, damit kein Wasserdampf entweicht. Die Brote in den Backofen schieben und 20 – 25 Minuten backen. Auf Kuchenrosten erkalten lassen.

„AM ENDE ERGIBT ALLES EINEN GIN"

Stößchen/Prost/Cheers – egal, auf euch!

Kategorie

TRINKEN

HOCH DIE TASSEN

WER A SAGT, MUSS AUCH TEE SAGEN! ODER SO ÄHNLICH. WAS ABER AUF ALLE FÄLLE EIN FAKT IST: TEE IST WEIT MEHR ALS NUR EIN GETRÄNK, DASS SO VOR SICH HINBEUTELT. TEE IST EINE LEBENSEINSTELLUNG! UND ZWAR INKLUSIVE HEILENDEN KRÄFTEN, ENTSCHLEUNIGENDER WIRKUNG UND REVOLUTIONÄREN FÄHIGKEITEN. GLAUBST DU NICHT? DANN SETZE DOCH MAL TEEWASSER AUF UND TAUCHE EIN IN EINE GESCHICHTE DER VIELFÄLTIGKEIT. UND NUR MAL SO AM TEETASSENRANDE: NACH WASSER IST TEE TATSÄCHLICH DAS WELTWEIT AM MEISTEN KONSUMIERTE GETRÄNK! GERADE HIER IN MITTELEUROPA WIRD DIESES ÄUSSERST DELIZIÖSE THEMA GERADE WIEDER GANZ AKTUELL – DETOX & CO. SEI DANK. ALSO AM BESTEN GAR NICHT LANGE ABWARTEN, SONDERN TEE TRINKEN.

GRÜNER TEE

80°C	2 - 4 MIN.

Grüner wird's nicht! Und leckerer auch nicht. Wer sich auskennt – und damit meinen wir die echten Tee-Junkies und Tee-Kenner unter euch – der weiß um das enorme Potential und die positiven Auswirkungen dieses Getränkes auf unseren Körper. Während Matcha Pulver eine schlanke Linie verspricht, ist der Sencha für seine ganzheitlich wohltuende Wirkung bekannt. Oder anders gesagt: A green tea a day keeps the doctor away.

SCHWARZER TEE

95°C | 3 - 5 MIN.

Schwarzer Tee macht dich flott für den Tag. Durch seine schöne goldbraune Farbe und seinen kräftig-würzigen Geschmack verbreitete sich diese Sorte schon früh auf der ganzen Welt. Mittlerweile wird er von vielen Menschen wie Wasser konsumiert und zählt zu den meistgetrunkenen Getränken auf unserem Planeten! Ob in England oder im Fernen Osten, das schwarze Gold wird von morgens bis abends gefeiert und genossen! So: Let's Have a Tea Partey!

KRÄUTERTEE

95°C | 5 - 6 MIN.

Egal, ob es um's Kochen, Trinken oder sogar um die Abwehr von lästigen Erkältungen geht – Kräutertee ist immer ein zuverlässiges Hilfsmittel. Jedes Kraut hat mit Wasser aufgegossen, neben der wärmenden und erfrischenden Wirkung, seine heilende Kraft und bringt jeden schnell auf Vordermann. Sei es die Ingwerfrische, die das Immunsystem stärkt, frischer Salbei, der dem Halsschmerz entgegenwirkt oder Kamille, die die Bauchschmerzen verschwinden lässt.

FRÜCHTETEE

95°C | 6 - 8 MIN.

Früchte-Tee ist ein leckerer Tee – ein Satz, zwei Irrtümer. Denn erstens ist er sehr lecker. Und zweitens ist er gar kein Tee. Dass Früchtetees zu den Teegetränken zählen ist nämlich ein Irrglaube. Dafür ist das teeähnliche Getränk kalorienarm und deckt mit dem fruchtigen Geschmack schnell den täglichen Flüssigkeitsbedarf. Und das Beste: der Kreativität an Geschmäckern und Sorten sind keine Grenzen gesetzt. Wie wäre es denn mal mit unserem Apfel-Joghurt-Limette oder Mangotraum?

SCHARFER SCHOKO-MILCHSHAKE

30 MIN. 4 DRINKS

ZUTATEN

150 G ZARTBITTER- SCHOKOLADE
600 ML KALTE MILCH
3 EL ANKERKRAUT SCHARFE SCHOKOLADE
125 G SCHLAGSAHNE
ETWA 8 EISWÜRFEL
2 KUGELN SCHOKOLADENEIS
2 EL RASPELSCHOKOLADE

1. Die Schokolade grob hacken, 50 g beiseite stellen. Restliche Schokolade mit 100 ml Milch und der "Scharfen Schokolade" in einen Topf geben und bei kleiner Hitze unter Rühren schmelzen, nicht kochen lassen. Anschließend abkühlen lassen.
2. Restliche gehackte Schokolade über dem heißen Wasserbad schmelzen und mit einem Pinsel auf die Innenseiten von 4 Gläsern (je etwa 350 ml) nach Belieben verstreichen. Den Rand der Gläser in die Schokolade tauchen. Die Gläser in den Kühlschrank stellen.
3. Sahne steif schlagen und kühl stellen. Die abgekühlte Schoko-Milch in einen Mixbecher geben, restliche kalte Milch hinzufügen und im Standmixer auf hoher Stufe schaumig quirlen.
4. Die Eiswürfel und das Schokoladeneis in den Mixbecher geben und verquirlen. Den Schoko Shake in die verzierten Gläser verteilen. Schlagsahne auf den Shake geben und mit Raspelschokolade bestreuen.

— ANNE SAGT —

„Ich mag es ja am liebsten, wenn die Tasse fast schon überläuft: Für ein Kokos-Topping 50 ml gekühlte Kokoscreme (zum Aufschlagen) nach Packungsanweisung aufschlagen. Die Creme auf die Drinks geben und mit gerösteten Kokoschips garnieren. Lecker!“

GEEISTER KURKUMA-LATTE

5 MIN. 2 DRINKS HERD

ZUTATEN

3 EL KOKOSCHIPS
1 DOSE KOKOSMILCH (400 ML)
8 DATTELN (ENTSTEINT, 70 G)
1 TL ANKERKRAUT GOLDEN MILK
6 – 8 EISWÜRFEL
1 PRISE ANKERKRAUT ZIMT

1. Kokoschips in einer Pfanne goldbraun rösten und auf einem Teller erkalten lassen.
2. 2 EL Kokosmilch zum Beträufeln beiseite stellen. Übrige Kokosmilch, Datteln und Golden Milk Gewürz in einen Mixbecher geben und mit einem Standmixer pürieren. Die Eiswürfel hinzufügen und solange quirlen, bis die Milch die Konsistenz eines Eisshakes hat.
3. Mit der übrigen Kokosmilch den Shake beträufeln und mit Kokoschips und Zimt bestreuen.

— ANNE SAGT —

„Die Teestücke können übrigens mit getrunken werden. Wer mag kann den Tee aber auch in ein Teeei füllen und dieses nach der Ziehzeit entfernen."

MANGO-PFIRSICH-EISTEE

15 MIN. 2 DRINKS

ZUTATEN

2 EL ANKERKRAUT MANGOTRAUM FRÜCHTETEE
500 ML WASSER
2 REIFE PFIRSICHE
12 – 16 EISWÜRFEL

1. Den Früchtetee in ein hohes Gefäß geben. Das Wasser aufkochen und in das Gefäß gießen. Den Tee erkalten lassen.
2. In der Zwischenzeit die Pfirsiche abspülen, trocken tupfen, den Stein entfernen und das Fruchtfleisch in Würfel schneiden.
3. Eiswürfel und Pfirsichwürfel auf 2 Gläser (je 500 ml) verteilen und mit dem abgekühlten Tee aufgießen.

— ANNE SAGT —

„Für die Kinder gibt es immer einen alkoholfreien "Glühwein" aus rotem Trauben- oder Apfelsaft."

KLASSISCHER GLÜHWEIN

20 MIN.   4 DRINKS

ZUTATEN

750 ML ROTWEIN
3 EL ANKERKRAUT MUSCOVADO ZUCKER
2 – 3 EL ANKERKRAUT GLÜHWEINGEWÜRZ
1 BIO-ORANGE

1. Den Rotwein zugedeckt in einem Topf erwärmen. Zucker dazugeben. Glühweingewürz in einem Teesieb in den Topf hängen. Den Wein zugedeckt etwa 15 Minuten bei kleiner Hitze durchziehen lassen. Der Wein sollte etwa 80 °C haben, nicht kochen.
2. Die Orange heiß abwaschen, abtrocknen und in Scheiben schneiden. Orangenscheiben auf die Tassen oder Gläser verteilen, den Glühwein einfüllen.

— STEFAN SAGT —

„Cheers, auf euch!"

ROSA GIN TONIC

MIT GRANATAPFEL-EISWÜRFELN

10 MIN. 2 DRINKS

ZUTATEN

1 GRANATAPFEL
80 ML GIN
200 ML TONIC WATER
100 ML SCHWARZER JOHANNISBEERNEKTAR
2 KLEINE ZWEIGE ROSMARIN
1 TL ANKERKRAUT ROSA PFEFFER

AUSSERDEM

1 EISWÜRFELBEHÄLTER

1. Für die Granatapfel-Eiswürfel den Granatapfel entkernen. Dafür die Schale des Granatapfels 4 – 5 mal von oben nach unten einritzen, danach den Apfel an den Einschnitten aufbrechen und die Kerne herauslösen.
2. Granatapfelkerne in einen Eiswürfelbehälter für 12 – 16 Würfel verteilen, mit Wasser auffüllen und mindestens 3 – 4 Stunden gefrieren lassen.
3. Die Eiswürfel in zwei große Gläser (je 500 ml) geben. Nacheinander Gin, Tonic Water und Johannisbeernektar dazugeben.
4. Rosmarin abspülen und trocken tupfen. Rosa Pfeffer im Mörser zerdrücken, auf die Drinks streuen und mit Rosmarin garnieren.

GEWÜRZREGISTER

#SMOKE
Chicken Wings *95*

9 PFEFFER SYMPHONIE
Bacon-Avocado-Burger *93*

AFRICAN DESERT DUST
Samosas *53*

AGLIO E OLIO
Grüne Lasagne *59*

APFELKUCHEN GEWÜRZ
Apfel-Rhabarber-Crumble *113*

APFEL-ZIMT
Porridge mit Granatapfel und Mandelmilch *73*

AUFLAUF GEWÜRZ
Kartoffel-Hack-Auflauf *27*

BOLOGNESE GEWÜRZ
Stefans Bolognese *21*

BOMBAY CHICKEN
Bacon-Avocado-Burger *93*
Chicken Wings *95*

BRATHÄHNCHEN GEWÜRZ
Brathähnchen mit Kartoffelspalten *39*

BRATKARTOFFEL GEWÜRZ
Brathähnchen mit Kartoffelspalten *39*

BRUSCHETTA
Bruschetta *101*

BULETTEN & FLEISCH-PFLANZERL GEWÜRZ
Frikos von Stefans Oma *25*

CHILI CON CARNE MILD
Chili con Carne mit Fleischwürfeln *19*

CURRY MADRAS
Blumenkohl-Curry *43*

CURRY ROYAL GOLD
Ananas-Puten-Curry *41*

CURRYWURST
Currywurst mit fruchtiger Sauce *85*

FISCH & SCAMPI
Scampi-Nudel-Pfanne *69*

FLEUR DE SEL
Brathähnchen mit Kartoffelspalten *39*

FLEUR DE SEL KRÄUTER
Lachs von der Holzplanke *99*

FRUIT & DESSERT
Gegrillte Ananas mit Eis und Baiser *107*

GEMÜSEBRÜHE
Ananas-Puten-Curry *41*
Blumenkohl-Curry *43*
Brokkoli-Cremesuppe *47*
Frikos von Stefans Oma *25*
Grüne Lasagne *59*
Gulaschsuppe *23*
Kürbissuppe *49*
Pilz-Risotto *51*
Scampi-Nudel-Pfanne *69*
Stefans Bolognese *21*
Veggie Wok *45*

GLÜHWEINGEWÜRZ
Klassischer Glühwein *137*

GOLDEN MILK
Geeister Kurkuma-Latte *133*

GULASCH GEWÜRZ
Gulaschsuppe *23*

GURKENSALAT GEWÜRZ
Salatdressing Gurkensalat Gewürz *65*

GYROS GEWÜRZ
Gyros-Pfanne mit Tzatziki *33*

ITALIENISCHE KRÄUTER
Italienisches Ciabatta *125*

KEKS GEWÜRZ
Double Chocolate Cookies *121*

KÖFTE GEWÜRZ
Köftespieße mit Minz-Joghurt *97*

KRÄUTER DER PROVENCE
Gebackener Ziegenkäse mit Feigen *63*

KRÄUTERBUTTER GEWÜRZ
Salatdressing Kräuterbutter Gewürz *65*

KÜRBISSUPPEN GEWÜRZ
Kürbissuppe *49*

MAGIC BEEF
Triple-Chili-Cheese-Burger *91*

MAGIC DUST
Burnt Ends *81*

MANGOTRAUM FRÜCHTETEE
Mango-Pfirsich-Eistee *135*

MUSCOVADO ZUCKER
Ananas-Puten-Curry *41*
Annes Geburstagskuchen *117*
Apfel-Rhabarber-Crumble *113*
Klassischer Glühwein *137*
Süßes Popcorn *71*
Sweet Apple Ribs mit Coleslaw *83*
Weihnachts-Waffeln *123*

MUSKATNUSS
Brokkoli-Cremesuppe *47*
Grüne Lasagne *59*

NANA MINZE
Köftespieße mit Minz-Joghurt *97*
Key Lime Pie *115*

PILZPFANNE
Pilz-Risotto *51*

PIZZA GEWÜRZ
Neapolitanische Pizza *55*

POMMES FRITES SALZ
Fish & Chips *67*

RACLETTE GEWÜRZ
Raclette-Bacon-Brot *29*

ROHRZUCKER
Apfel-Rhabarber-Crumble *113*
Key Lime Pie *115*

ROSA PFEFFER
Rosa Gin Tonic mit
Granatapfel-Eiswürfeln *139*

SALATGEWÜRZ GARTENKRÄUTER
Salatdressing Salatgewürz
Gartenkräuter *65*

SCHAFSKÄSE GEWÜRZ GRILL
Überbackener Feta mit Zucchini *61*

SCHARFE SCHOKOLADE
Scharfer Schoko-Milchshake *131*

SCHOKO-KIRSCH
Cake-Pops in der Waffel *119*

STEAKPFEFFER HAMBURG
Triple-Chili-Cheese-Burger *91*

SWEET APPLE RIBS
Sweet Apple Ribs mit Coleslaw *83*

TANDOORI CHICKEN
Tandoori Chicken
mit Mango-Gurken-Salat *35*

TEUFELSKERL
Chili con Carne mit Fleischwürfeln *19*

TEXAS CHICKEN
Chicken Wings *95*
Chili con Carne mild *19*
Chili con Carne mit Fleischwürfeln *19*

TOMATE-MOZZARELLA GEWÜRZ
Gegrillter Tomate-Mozzarella-Salat *105*

TOMATENSALZ
Salziges Popcorn *71*

TOMATENSAUCEN GEWÜRZ
Chicken Parmigiana *37*

TZATZIKI GEWÜRZ
Gyros-Pfanne mit Tzatziki *33*

VANILLEZUCKER
Annes Geburstagskuchen *117*

WEIHNACHTSQUARK
Weihnachts-Waffeln *123*

WIESEL MAGIC BEEF
Onglet *89*

WOK GEWÜRZ
Veggie Wok *45*

ZIMT
Geeister Kurkuma-Latte *133*

REZEPTREGISTER

A

Ananas-Puten-Curry *41*
Annes Geburstagskuchen *117*
Annes Lieblingsburger *93*
Apfel-Rhababer-Crumble *113*

B

Blumenkohl-Curry *43*
Brathähnchen mit Kartoffelspalten *39*
Brokkoli-Cremesuppe *47*
Bruschetta *101*
Burnt Ends *80*

C

Cake-Pops in der Waffel *119*
Chicken Parmigiana *37*
Chicken Wings *95*
Chili con Carne mit Fleischwürfeln *19*
Currywurst mit fruchtiger Sauce *85*

D

Double Chocolate Cookies *121*

F

Fish & Chips *67*
Frikos von Stefans Oma *25*

G

Gebackener Ziegenkäse mit Feigen *63*
Geeister Kurkuma-Latte *133*
Gegrillte Ananas mit Eis und Baiser *107*
Gegrillter Tomate-Mozzarella-Salat *105*
Grüne Lasagne *59*
Gulaschsuppe *23*
Gyros-Pfanne mit Tzatziki *33*

I

Italienisches Ciabatta *125*

K

Kartoffel-Hack-Auflauf *27*
Key Lime Pie *115*
Klassischer Glühwein *137*
Köftespieße mit Minz-Joghurt *97*
Kürbissuppe *49*

L

Lachs von der Holzplanke *99*

M

Mango-Pfirsich-Eistee *135*

N

Neapolitanische Pizza *55*

O

Onglet *89*

P

Pilz-Risotto *51*
Porridge mit Granatapfel und Mandelmich *73*

R

Raclette-Bacon-Brot *29*
Rosa Gin Tonic mit Granatapfel-Eiswürfeln *137*

S

Salat Dressings *65*
Samosas *53*
Scampi-Nudel-Pfanne *69*
Scharfer Schoko-Milchshake *131*
Stefans Bolognese *21*
Stefans Lieblingsburger *91*
Sweet Apple Ribs mit Coleslaw *83*

T

Tandoori Chicken mit Mango-Gurken-Salat *35*

U

Überbackener Feta mit Zucchini *61*

V

Veggie Wok *45*

W

Weihnachts-Waffeln *123*

Z

Zweierlei Popcorn *71*

DANKSAGUNG

Das aller erste Wort der Danksagung gehört unserer tollen Kollegin Juliane: Ohne dich wäre dieses Buch niemals möglich gewesen. Danke für deine Ideen, dein Engagement, deine Überstunden und deine Kreativität, welche dazu beigetragen haben, dass wir nun unser erste Kochbuch in der Hand halten. Du bist super.

Michaela, auch ohne dich wäre dieses Buch nicht möglich gewesen. Du begeleitest uns bereits seit vielen Jahren und hinterläßt deine Handschrift auf all unseren Produkten. Wir sind unendlich dankbar, dass wir genau dich gefunden haben und du mit uns zusammen diese wunderbare Markenwelt geschaffen hast. Du bist wirklich einzigartig.

Des Weiteren danken wir unseren Kindern Lio & Ida, allen Lemckes und Glatzels sowie unseren Freunden für den Support, die Ratschläge und tatkräftige Unterstützung in den letzten 5 Jahren.

Ankerkraut wäre nicht Ankerkraut ohne unsere fantastischen Kollegen. Viele von euch begleiten uns schon 5 Jahre und sind mit uns gemeinsam gewachsen, einige von euch sind neu dabei. Aber eines bleibt: wir alle bilden die Basis für Ankerkraut und ohne Euch wären wir nicht dort wo wir heute sind.

Ein großer Dank gilt auch unseren Freunden der Grill Szene. Thorsten, Sascha, Christian, Kevin, Tobias mit Annika, Sebastian & Tim, den BBQ Wieseln, Dragon BBQ, Sizzle Brothers und Onkel Kethe, Olli von LivingBBQ und vielen anderen. Ihr habt uns vor knapp 5 Jahren mit offenen Armen aufgenommen und von Anfang an unterstützt. Wir freuen uns auf viele weitere gemeinsame Jahre mit euch.

Ein weiterer Dank gilt unseren mehr als 4.000 Händlern in Deutschland, Österreich, Dänemark, Schweden, der Schweiz, Italien, Luxemburg und Holland. Von Dominique und Sabrina, welche unsere allerersten Händler waren, Markus Mack, über all die Fachhändler, kleine Einzelhändler, Schlachtereien, Geschenkartikelläden bis hin zu LEH Ketten welche uns Plätze in ihren Regalen schaffen. Danke für diese Möglichkeiten.

Wir danken Sony Pictures für die Chance, in der Show „Die Höhle der Löwen" teilzunehmen und Frank sowie dem gesamten Freigeist Team für euren Glauben an uns und den täglichen Support. Wir wissen dies wirklich sehr zu schätzen. Dieser Dank gilt natürlich auch unserem zweiten Investor Matthias.

Last but not least gilt unser Dank aber vor allem Euch: den tollsten Kunden und Supportern, welche man sich wünschen kann. Erst durch euch ist Ankerkraut zu dem geworden was es jetzt ist. Ein besonders großer Dank geht an Ricarda, Charly, Tattoo Man Björn, Thomas, Gabi & Maik sowie vielen, vielen weiteren. Wir sind sprachlos und dankbar.

Anne & Stefan

IMPRESSUM

Ankerkraut GmbH
Reindorfer Osterberg 75
21266 Jesteburg

AUTOREN	Anne und Stefan Lemcke
PROJEKTLEITUNG	Juliane Lackner
LEKTORAT	Kristina Derksen
GESTALTUNG & ART DIRECTION	Michaela Vargas Coronado
FOTOGRAFIE	Nicky Walsh
FOODSTYLING REZEPTFOTOS	Max Faber
REZEPTENTWICKLUNG	Anne & Stefan Lemcke mit Anke Rabeler und Max Faber
REZEPTÜBERARBEITUNG	Anke Rabeler und Max Faber
WEITERE MITWIRKENDE	Lisa Reetz, Sophie Bruhn, Frank Thelen, Sebastian Merget
DRUCK	BEISNER DRUCK GmbH & Co. KG Müllerstraße 6 21244 Buchholz in der Nordheide
ISBN	978-3-00-058241-7

www.ankerkraut.de
Bei Fragen und Anregungen
melde dich gerne unter
lotse@ankerkraut.de